本书为国家社会科学基金青年项目"马克思历史意识及其当代价值研究"（20CZX006）阶段性成果

国 | 研 | 文 | 库

阿格妮丝·赫勒历史哲学
思想研究

张 婷 ——————著

光明日报出版社

图书在版编目（CIP）数据

阿格妮丝·赫勒历史哲学思想研究 / 张婷著. -- 北
京：光明日报出版社，2021.4
ISBN 978 - 7 - 5194 - 5879 - 9

Ⅰ. ①阿… Ⅱ. ①张… Ⅲ. ①阿格妮丝·赫勒—历史
哲学—哲学思想—研究 Ⅳ. ①B515

中国版本图书馆 CIP 数据核字（2021）第 057475 号

阿格妮丝·赫勒历史哲学思想研究
AGENISI HELE LISHI ZHEXUE SIXIANG YANJIU

著　　者：张　婷

责任编辑：曹美娜　　　　　　　责任校对：刘欠欠
封面设计：中联华文　　　　　　责任印制：曹　净

出版发行：光明日报出版社

地　　址：北京市西城区永安路 106 号，100050

电　　话：010 - 63169890（咨询），010 - 63131930（邮购）

传　　真：010 - 63131930

网　　址：http：//book. gmw. cn

E - mail：caomeina@ gmw. cn

法律顾问：北京德恒律师事务所龚柳方律师

印　　刷：三河市华东印刷有限公司

装　　订：三河市华东印刷有限公司

本书如有破损、缺页、装订错误，请与本社联系调换，电话：010 - 63131930

开　　本：170mm × 240mm

字　　数：183 千字　　　　　　印　　张：15. 5

版　　次：2021 年 4 月第 1 版　　印　　次：2021 年 4 月第 1 次印刷

书　　号：ISBN 978 - 7 - 5194 - 5879 - 9

定　　价：95. 00 元

前　言

　　"历史哲学"一词自 1769 年伏尔泰提出以来，按形态变化，可以分为思辨的历史哲学、分析的历史哲学和叙事的历史哲学三个阶段。关于叙事的历史哲学，国内外学术界大多将其视作 20 世纪 70 年代以来以海登·怀特为代表的后现代历史哲学的样式，而忽视了另外一个样式，即以阿格妮丝·赫勒为代表的新马克思主义历史哲学的样式。这两个样式不乏相通之处，但也有很大的区别，无论如何，都可以视作叙事的历史哲学。赫勒作为东欧新马克思主义布达佩斯学派的重要代表人物，师从西方马克思主义的鼻祖卢卡奇，论域涵盖现代社会思想的方方面面，她在历史哲学方面的思想尤其值得重视。研究赫勒的历史哲学思想，有助于深化对黑格尔历史哲学和马克思历史唯物主义的认识，深化对现代性与后现代性关系的认识，推进我们对马克思主义中国化的认识，当然，在根本上足以强化我们对人类历史之过去、当下和未来的沉思。

　　通过考察赫勒的"历史哲学三部曲"，《历史理论》《碎片化的历史哲学》和《现代性理论》，可以发现赫勒的历史哲学思想是基于叙事的历史哲学，经由分析的历史哲学，对思辨历史哲学的再反思。她的工作重心不是寻求历史的本质和规律，也不是从语词和逻辑分析的角度阐述历史认识问题，而是从话语和社会变迁的角度来探求历史意识的变迁轨迹。历史哲学是历史意识发展到一定阶段的产物，思辨历史哲学对应历史意识第五阶段，历史当下属于历史意识第六阶段，必须依据时代需要进行再审视。在这样一种逻辑框架下，赫勒把黑格尔的历史哲学和马克思的历史唯物主义定性为思辨历史哲学，都意味着无论是黑格尔的历史哲学还是马克思的历史唯物主义，都需要根据历史意识的时代发展加以重新认识。历史当下随着形而上学逐渐走向式微，历史的整体性也随之被肢解为碎片化状态，为了更好地认识人类历史，推动人类历史发展，必须重估思辨历史哲学尤其是马克思历史唯物主义在当代的价值和意义。

第一章集中阐释赫勒的历史性概念，并对历史性的多重面相展开探讨。历史性是赫勒历史哲学的原点，依据赫勒阐释，它不是发生在人身上的某种东西，而是类似于康德强调的先验时空观，是人与生俱来的属性和特性。在时间和空间的作用下，人变成一种历史性的存在物，必须始终回答三个具有永恒意义的问题，"我们来自哪里，我们是谁，我们走向何方"。问题常在，答案却总在变化。对这个问题的回答，赫勒称作"历史意识"。人类的历史意识迄今共经历了六个阶段，每一新阶段的出现都是通过反思前一阶段而形成。我们通常所说的历史哲学亦即现代历史哲学，是历史意识发展到第五阶段的产物。我们当下的历史，正处于历史意识第六阶段，可以称作后现代的历史意识。后现代的人们"定居"在"现在的"火车站，这是我们的生活处境，也是我们据以反思的出发点。

第二章集中阐述赫勒的历史编纂学思想，特别探讨历史编纂学的客观性和建构原则。如果说《历史理论》一书具有宏大叙事的写法，那么，其中关于历史编纂学的阐述则具有分析哲学和语言哲学的特点，貌似分析的历史哲学的风格。历史编纂学作为一种不同于日常历史意识的"真知识"，且总是批判性的，它的主题是由"当下"建构的。与历史哲学基于历史之未来教化历史之当下不同的是，历史编纂学是从历史当下出发对历史之过去的回顾。尽管二者的侧重点不同，但历史之过去都是不能忽视的历史客观。兰克强调为了更好地认识历史当下，应该"如其所是"地编纂历史事件和历史事实，赫勒推进了兰克的思考，探讨了客观性能否作为历史编纂学的绝对规范和建构原则。

第三章主要探讨赫勒视域中的思辨的历史哲学，阐释历史中的意义和真理问题。思辨的历史哲学是现代历史哲学的第一种表现形态，也是最为基础和典型的形态，它把"当下"理解为过去历史的产物，把人类存在的意义理解为历史存在的意义。赫勒把思辨的历史哲学解释为一种"大写的历史"，这种"大写的历史"不是历史编纂学中的历史事件、历史事实，或人们在历史中的活动，而是历史本体论。无论黑格尔的历史哲学还是马克思的历史唯物主义，他们所探究的历史都属于"大写的历史"，它们强调历史的整体性、普遍性和规律性。作为一种具有普遍性的历史，黑格尔和马克思笔下的历史始终是运动的、发展的、进步的。作为一种具有整体规律性的历史，黑格尔和马克思强调的历史进步必然是由自在走向自为的过程。赫勒通过对黑格尔和马克思的历史哲学的分析，充分展现思辨的历史哲学的思想空间，亦在将其推向极限的同时显现其缺憾和局限。

第四章集中阐述赫勒心仪的碎片化历史哲学。思辨历史哲学随着形而上学的解体逐渐走向式微，碎片化已成为历史当下的时代表象。碎片化的书写方式并不意味着任何历史叙述都是杂乱无章的，它在反对普遍性、整体性的同时，有其内在的逻辑构架。偶然性是解构思辨的历史哲学的钥匙，"零和无限"代表宇宙的偶然性，"被抛入"代表历史的偶然性。历史—社会的偶然性是现代人的境况，偶然的人是一个历史的结果，生活在偶然性中并非偶然。历史—社会的偶然性在本质上是一个实践的问题，而非思辨的问题。赫勒的偶然性思想不仅巧妙地处理了"大写的历史"所不能回答的现代性问题，它对人性的认识恰好起到排忧解难的效果。

第五章主要分析赫勒的历史理论。历史理论作为赫勒全部历史哲学思想的意旨，赫勒通过呈现历史当下的碎片化状态，解构思辨的历史哲学，构建出一种新型的历史哲学框架。历史理论类似于叙事的历史哲学，与之不同的是它在根本上属于历史唯物主义。马克思历史唯物主义在指引人类进步、推动历史发展的过程中，发挥了典范性作用，不仅有利于促进人类回归良善生活，还有利于推动人类命运共同体的构建。从马克思历史唯物主义到卢卡奇的历史辩证法、总体性辩证法，再到赫勒的历史理论，可以发现一条明确的发展轨迹。我们完全有理由说，赫勒的历史哲学思想是在当代的思想和社会背景下，对马克思历史唯物主义的继承和发展。当然，赫勒对马克思的理解和批评存在一些偏见和误解，我们不能照单全收。

通过概念史的梳理、文本解读和思想阐释相结合、比较研究等方法，由内而外，由局部到整体，全面把握赫勒历史哲学思想，并将其与马克思主义历史唯物主义进行对话，最终深化我们自己的历史意识。赫勒把共有的生活经验及对这些经验的描述与反思称作"社会现实"，由于每一种生活经验都具有独特性，"社会现实"从不同的角度予以表述，也就具有相去甚远乃至大相径庭的面目。就此而言，我们应当且只能基于自己的生活经验，把握我们所置身的社会现实，体悟现代性的本质。20世纪以来中国的社会现实，以及我们所体认的现代性，内在地要求马克思主义的中国化，要求一切外来的现代思想的中国化，同时，也要求中国传统思想的现代化。此一过程中所展现的历史意识，有待于我们认真地感悟和阐发。

关键词：阿格妮丝·赫勒　历史编纂学　历史哲学　历史唯物主义后现代历史意识

目　录
CONTENTS

绪　论 ……………………………………………………………… 1

第一节　赫勒概述 ………………………………………………… 1

第二节　选题依据 ………………………………………………… 5

第三节　国内外研究状况 ……………………………………… 10

第四节　内容结构 ……………………………………………… 19

第五节　研究方法与创新点 …………………………………… 30

第一章　历史性的多重面相 …………………………………… 33

第一节　历史意识 ……………………………………………… 34

第二节　当下、过去和未来 …………………………………… 52

第二章　作为知识的历史编纂学 ……………………………… 64

第一节　历史编纂学的含义 …………………………………… 65

第二节　历史编纂学的客观性 ………………………………… 75

第三节　历史编纂学的建构原则 ……………………………… 87

第三章　历史哲学中的意义和真理 ·············· 98

　　第一节　作为观念的历史哲学 ·············· 99

　　第二节　作为具有普遍发展性的历史 ·············· 111

　　第三节　作为具有整体规律性的历史 ·············· 124

第四章　碎片化的历史哲学 ·············· 138

　　第一节　碎片化的理路 ·············· 139

　　第二节　从偶然性到命运 ·············· 150

　　第三节　作为偶然性的历史 ·············· 162

第五章　一种历史理论的意旨 ·············· 174

　　第一节　一种全新的历史哲学 ·············· 175

　　第二节　一种不完整的历史哲学 ·············· 188

　　第三节　一种历史唯物主义版本的历史哲学 ·············· 200

结　语 ·············· 212

参考文献 ·············· 218

后　记 ·············· 230

绪 论

第一节 赫勒概述

阿格妮丝·赫勒（Agnes Heller）（1929—2019），生于匈牙利，犹太人，曾任教于美国纽约社会研究新学院。20 世纪 40 年代末，她师从卢卡奇——赫勒东欧马克思主义布达佩斯学派①的重要代表人物。20 世纪 50 年代中期，公开发表《黑格尔的历史哲学和俄国的革命民主主义者》一文，被认为是第二次世界大战后匈牙利马克思主义阵营中人道主义流派的

① "在学术界，关于是否存在布达佩斯学派，一直存有争论。我们认为，无论就其代表人物的活动而言，还是就他们的独立理解建树而言，我们都有理由断言匈牙利的一些批判的知识分子形成了一个学派，而且，直到 20 世纪 70 年代初，它的主要代表人物（如赫勒等人）的全部理论研究都是在 20 世纪的伟大头脑之一——卢卡奇的直接指导和影响下进行的。在 60 年代中期，卢卡奇还不承认自己有什么学派，他认为他的影响散见于许多学科领域。直到 1971 年逝世前，卢卡奇才在一次回答记者采访中承认那些在他周围工作和研究他的思想的人形成了一个学派，即'布达佩斯学派'。关于这一学派的成员不同的研究者界定不一。其主体是卢卡奇的众多学生，最有影响的代表人物则是卢卡奇的四个得意门生：赫勒（Agnes Heller）及其丈夫费赫尔（Ferenc Feher）、马尔库什（Georg Markus）、瓦伊达（Mihaly Vajda）。"不过，按照赫勒的说法，这个学派作为一个学派在 1976 年就已经不复存在了。衣俊卿，丁立群，等 . 20 世纪的新马克思主义 [M]. 北京：中央编译出版社，2001：563.

最初哲学阐释。20 世纪 70 年代以来，赫勒的学术成果逐渐引起国际理论界的了解和重视，西门·托梅、彼得·墨菲、约翰·伯恩海姆等人都对其进行了深入研究。20 世纪 80 年代后，赫勒先后获得莱辛奖（1981）、阿伦特奖（1995）和松宁奖（2006）。松宁奖委员会称赞：赫勒半个世纪来以"创造性的才能、政治的精明、道德的力量和知识分子的正直"叙述了欧洲文化。

作为布达佩斯学派的核心人物，阿格妮丝·赫勒的理论贡献主要包括日常生活批判理论、需要理论、激进哲学理论、历史理论、现代性理论等方面。她的学术经历表明，同一作者在一生中可能会提出多种理论，但理论之间的差异不同于维特根斯坦早期与晚期哲学体系的差异。各种理论之间的关系，不是相互冲突的，而是相辅相成的。她的著作主要有：《审美哲学》（2004）、《混乱的时代》（2002）、《现代性理论》（1999）、《生态政治学：公共政策和社会福利》（1994）、《碎片化的历史哲学》（1993）、《现代性能够幸存吗》（1990）、《后现代政治状况》（1988）、《道德哲学》（1990）、《普通伦理学》（1988）、《超越正义》（1987）、《羞愧的力量》（1985）、《对需要的专政》（1983）、《历史理论》（1982）、《情感理论》（1979）、《论本能》（1979）、《激进哲学》（1978）、《马克思的需要理论》（1974）、《日常生活》（1968）等。主编的论集有：《美学的重建：布达佩斯学派论文集》《卢卡奇再评价》等。学术论文有：《通往马克思的价值理论》《个体与集体》《民主政治的道德格言》《今天的马克思主义伦理学的遗产》《共产主义和家庭》《两性关系的未来》《马克思的革命力量和日常生活的革命》《从人的需要的观点理解理论和实践》等。其著作被翻译成中、英、法、德、意、日、丹麦、西班牙等多种文字。

《历史理论》是赫勒写于 1982 的一部关于历史哲学的著作，是对马克思主义历史理论及现代历史理论给予反思和重构的重要著作。赫勒本人把该书与《碎片化的历史哲学》（1993）、《现代性理性》（1999）并称历史哲学或现代性的三部曲。《历史理论》由历史性、历史编纂学、历史哲学与历史理论四部分组成。赫勒通过对这四部分的逐一阐述，以黑格尔、马克思的历史哲学为典范，分析了历史哲学的基本特征，反思了历史哲学的得失，区分了历史哲学与历史理论的差异，提出了历史理论替代历史哲学的基本思想。

《碎片化的历史哲学》是对《历史理论》第四部分"历史理论"的深化和偏转，围绕偶然性、乌托邦、理性、真理、绝对精神等议题，展开讨论。相比《历史理论》，《碎片化的历史哲学》是赫勒用后现代理论审视历史哲学的一个开端。赫勒在《历史理论》中认为历史理论也是哲学，但它不是历史哲学，但到了《碎片化的历史哲学》赫勒试图阐述一种后现代历史哲学样式。她从后现代理论出发，通过对历史的描述，质疑了真理、理性等议题的合法性，认为历史并非一个必然进步的过程。现代社会充满了多种偶然性，人们越来越受到不确定因素的影响，以历史普遍性的眼光反思社会的方法已不再令人信服。正如马克思所说："一切坚固的东西都烟消云散。"这不是一个体系化书写的恰当时代，而是一个碎片化写作的恰当的时代。碎片化是时代的特征，用碎片化书写历史哲学，是对现代性的反思。历史的问题也是现代性的问题，通过对这一过程的探讨，又促成了《现代性理论》的诞生。

《现代性理论》一书共十四个章节，分别论述了黑格尔、马克思和韦伯的遗产，现代性的两种成分，现代性的三种逻辑，法律、风尚与伦理等价值问题。这与先前的两本关于历史理论（哲学）的书是一贯相成的，她对现代性理论的哲学预设，直接继承了论历史或历史性的观点。历史理论以社会与政治科学为原材料，呈现了现代社会的基本面貌。现代性理论，作为诸多理论中的一种，就是继历史理论与碎片化历史哲学以后现代①的视角，进一步审视整体的历史，阐释现代社会与人的境况。赫勒通过对现代性的分析，提出了走向一种斯多葛主义——伊壁鸠鲁主义的伦理学思想。

赫勒在《现代性理论》序言中提出，该三部著作可称之为现代性理论三部曲。但仔细推敲不难发现，这三部著作也能视作历史哲学三部曲。赫勒认为社会中的一切现象都是历史意识的显现，历史意识到目前为止共分为六个阶段。历史哲学处于历史意识的第五阶段，历史理论处于历史意识的第六阶段。在文化层面，历史意识的第五阶段恰好与启蒙现代性对应，历史理论与后现代性对应。因而历史哲学属于一种现代性理论，人们需要的是用后现代性理论反思现代性的得失。

关于历史哲学的论述及构架，赫勒在《历史理论》中早已形成完整的逻辑体系，但由于时间和篇幅的限制，体系的完整性不能代替具体内容的详细性。后两部著作《碎片化的历史哲学》和《现代性理论》分别进行了相应补充，扩展了《历史理论》第四部分的内容。赫勒对历史哲学，特别是思辨历史哲学的阐释路径是通过解构—建构—重构完成的，这也就意味着，《碎片化的历史哲学》和《现代性理论》为赫勒解构—建构—重构模式提供理论依据和原因解释。比如，《碎片化的历史哲学》中的"偶然

---

① "后现代"不同于"后现代主义"，赫勒将不会使用"后现代主义"这个词，因为她所限定的后现代视角不同于一切"主义"。

性"问题,是为解构"大写的历史"的必然性而言的,《现代性理论》的"多重逻辑"和"多元文化"是为解构"大写的历史"的整体性与普遍性而言的。总之,三部著作虽然出版的时间跨度比较大,但内容方面相得益彰。

本书以赫勒的《历史理论》为范本,结合《碎片化的历史哲学》《现代性理论》等相关著作,深入解说赫勒的历史哲学思想及其对马克思主义历史理论等现代历史思想的理解。以赫勒对历史意识六个阶段的划分为起点,从解构—建构—重构"大写的历史"中,分析她试图用历史理论替代历史哲学的原因。在掌握黑格尔的思辨历史哲学和马克思对历史问题追问的基础上,通过阐述赫勒关于历史性、历史编纂学、历史哲学、真理、偶然性、乌托邦等议题,探寻历史存在的意义,历史哲学在当代语境中的内涵与价值。在多元结构的当代社会中,反思不可回避的现代性问题,加深对马克思历史唯物主义的理解,理解全球化时代碎片化的历史与人的存在。

第二节 选题依据

赫勒以批判的眼光看待历史哲学,在重思马克思主义的过程中,重构了一幅新的历史图景。以她的历史理论为研究对象,是研究马克思历史唯物主义的一个端口和重要环节,其理论所展开的问题,也是思考多重历史结构的切入点。本书力图通过研究赫勒的历史哲学思想,以便更好地看待历史,区分作为事实的历史与作为叙事的历史的差异,加深对历史性、思辨历史哲学、分析历史哲学以及后现代历史哲学的理解，深入把握马克思主义与历史的关系，拓展马克思历史唯物主义的语义空间。具体而言，主要有以下几点原因。

第一，深入理解黑格尔历史哲学、马克思历史唯物主义的需要。

20 世纪以来，以马克思命名的马克思主义同人类精神的发展和人类历史进程相交织，获得了普遍的发展。马克思主义被运用于不同地区的实际历史进程，形成了众多流派。在某种意义上，对马克思主义的理解在当代进入了一个多元化的时期，结果，我们很难不加限定地谈论一般的马克思主义。东欧马克思主义作为马克思主义众多流派之一，在 20 世纪 50 年代涌现出许多杰出的马克思主义理论家，赫勒作为其中一员，对历史问题的思考有助于我们掌握深化马克思历史唯物主义。

历史哲学自维柯以来，经黑格尔达到一个思辨的制高点。历史也由此从对具体内容的考察，走向其本身的反思。世界历史整体成为考察的对象，"理性"成为世界的主宰，"精神"成为历史的核心领域。"精神"一时间成为最现实的力量，黑格尔历史哲学也成为认识历史的重要工具。黑格尔的历史哲学产生强大的影响力，其"绝对精神"决定历史的观点遭到马克思的批驳。马克思打破黑格尔对历史的思辨论述，从人类社会现实出发，在生产方式中找到历史的决定因素。生产力成为变革"精神"的武器，决定了历史的发展进程。马克思在黑格尔历史哲学基础上，从历史原初的四个因素出发，推导历史的线性发展过程，为认识历史增添了新维度。长期以来，马克思的历史解释模式成为认识历史的过去、当下与未来的重要指南。与此同时，也不断遭到各种质疑和批评，后现代主义理论的介入，呈现了一种最新、最强烈的批评。

　　赫勒基于后现代视角对黑格尔、马克思提出了疑问，对宏大历史叙事的解构不乏对马克思历史动力机制的解构。在赫勒看来，历史并非由"生产力决定生产关系"单一逻辑所构成，随着时代的发展，影响历史的因素已从单一走向多元，技术、文化和政治在历史进程中，成为决定历史的合力。历史发展过程充满了各种偶然性，由此，历史是"精神"的产物，还是"生产方式"的产物，或是多重因素的产物？历史是线性发展的，还是偶然无序的排列组合？历史是进步的，还是倒退的，或者在什么意义上是进步的？进步本身是一种幻想，还是一个目标？这些都是本书关注的主题。带着对这些问题的疑惑，赫勒的历史理论成为历史研究的入口。

　　第二，深入认识现代性与后现代性的需要。

　　现代性自启蒙运动以来，获得了自然真理的权力，成为书写全球历史的进步意识。从过去到现在的种种差异表明，"现代性"是一个复杂的概念，它具有经济、政治、社会、文化关系的流动性，既是一种存在状态，又是关于这一状态的话语体系。围绕现代性话语的讨论，构成对历史的某种指涉。现代性话语在对过去否定和继承中，再一次唤起了历史本身的发明，通过创建新的历史，现代性为人类提供了一幅美好的图景，却遭到了反现代主义运动的破坏。"后现代"就是其中的一种表述。后现代发起的批判，对现代性的反抗，并非独立的理论假设，而是作为现代性的整体的一部分，展现在历史的舞台。在后现代思想家看来，现代性话语固然重要，但不得不提及其破坏性，不得不注意到它的殖民性。现代性所确立的社会秩序，对生活的反省、维持和培育，掩盖了作为事实混乱的一面。现代性为建立有序的社会结构所实施的种种干预，无意中促成了其他的失序，后现代的任务就是要清理现代性的混乱，反思宏大的叙事模式。

赫勒基于后现代视角对历史哲学的审视，也是对现代性的审视。自形而上学逐渐解体以来，后现代主义的一种观点是，任何理论都很难做出一般性回答，读者可以基于理性判断或自己的生活经验看待现代性问题。赫勒从大量理论中主要择取后现代主义，对现代性本质、特征等问题的审视，是一种对现代性本质的自觉判断，同时也是结合自己的生活经验，发起对历史的现代性问题的追问。在赫勒看来，历史尤其是18世纪以来的历史，是现代文明的一个谋划。历史是一个包含过去、当下与未来的心理建构，"当下之过去"与历史之过去之间的区分是非常不固定的，它主要依赖于我们的理论和实践兴趣——我们将一个事件或结构理解为属于我们的当下之过去还是属于历史之过去的理论和实践兴趣。因此，历史并非我们的过去之历史，而是我们当下的过去之历史，并因而是我们的当下之历史。对历史的研究，就是对现代生存形式的理解。

赫勒从后现代主义理论出发把历史哲学视作一种现代性理论，并提出黑格尔、马克思与韦伯为现代性理论的三个典型代表，这三位巨匠共同构成"古典"理论。马克思与其他二者相比更加彻底地拒绝了现代性的现今阶段（资本主义），将宏大叙事延伸至未来。马克思努力摧毁旧的形而上学，却又建立了一种新的形而上学，他对历史的定性较之黑格尔、韦伯，更是留下了深刻的印记。现代性推动了社会发展，却割裂了旧有的一切历史联系，所以有必要对黑尔格、马克思等现代理论加以反思。赫勒在现代性与后现代理论之间游移，对马克思的历史观并非持完全拥护的态度。这就引发一个重要的问题，即赫勒有关马克思主义的分析是否合理恰当。缘此，本书只有在深入掌握现代性与后现代理论的基础上，才能更好地探寻赫勒对马克思主义解读的得失，更好地认识赫勒分析历史问题的程式，更好地直面历史本身。

第三，深入推进马克思主义中国化的需要。

马克思主义中国化，并非简单意味着关注中国社会的现实，而对理论不加理睬。它需要根据中国本土社会与文化实际情况以适应历史当下的需要，形成马克思与马克思主义的特殊理解之间的辩证法，并进一步形成一种"中国"理论。

马克思主义自20世纪20年代传入中国以来，30年代中期，走上专业化的道路。马克思主义成为中国寻求现代性的一个内在部分，它同时也是现代历史意识、思想和实践进入中国现代性的主要媒介。马克思主义，尤其是历史唯物主义，在国家面临危机之时为我们分析社会性质、发展阶段、未来走向提供了有力的帮助。马克思主义也为我们分析历史形成的原因，解决历史迷惑起到了重要的引导性作用。马克思主义还为我们塑性历史意识与历史实践发挥了凝聚力的作用。在反思历史当下的社会与经济进程中，马克思主义既提供了全新的视角以发现过去未见之事，同时也催生了全新的研究模式以展望历史之未来。

然而，在全球资本主义的扩散下，多种现代性的兴起，以欧美为中心的霸权文化遭到分裂，传统文化得以复兴，马克思主义也由此受到一定程度的冲击。马克思主义解释历史的力度大不如前，马克思主义的话语权也在传统文化的影响下出现示弱的趋势。不过20世纪80年代以来，马克思主义的替代方案似乎没有取得实质性的进展。旨在替代马克思主义的观点，认为马克思的言论过时，在批判马克思主义语义空间时，也没能提出更好的解决路径。

马克思主义自引进中国大半个世纪以来，所取得的阶段性成果，拥护与反对同时并存，这就要求我们必须借用历史的眼光加以审视。从时代语境、概念或情感角度来看，马克思主义作为分析历史、社会、经济的理论范式，不同的时期有不同的功能，不同的作用，不同的特点。历史当下无论以怎样的态度对待马克思主义，不置可否的是马克思主义在指引中国历史发展方面仍具有重要的理论意义。那么，我们今天的任务就是使其更加贴近现实，更好地与中国社会问题相结合，成为本土文化理论研究的必要工具。

赫勒的历史理论，就是站在后工业社会的时代前沿，对当下马克思主义的分析。因此，学习赫勒历史理论，就是要通过赫勒的视角，走进当下，走进马克思。在掌握赫勒的历史理论的基础上，理解中国当下的马克思主义，马克思主义与传统文化之间的内在逻辑，以及马克思主义在中国的传播与运用，从而使马克思主义更具中国本土化特点，以应对全球资本主义的各种挑战。

第三节　国内外研究状况

一、国外赫勒思想研究状况

国外对赫勒的研究始于 20 世纪 80 年代，集中于她的日常生活理论与需要理论。著作类有：加姆皮尔罗·斯达比勒的《主体与需要：赫勒及其需要理论的评论》；克劳斯·普勒吉泽的《规划与需要》；彼特·里希登堡的《日常生活社会学之路：关于阿格妮丝·赫勒"日常生活"与阿夫雷德·舒茨"日常生活世界"概念的研究》。

　　20世纪90年代以后，有关赫勒的研究不断增多，涉及范围从日常生活和需要理论扩散到历史哲学、社会哲学、现代性、激进哲学、道德哲学等方面。皮罗·阿·卡塔纳1990年出版的《改革与需要》；阿俄方索·伊巴雷兹·伊1991年出版的《阿格妮丝·赫勒：激进需要的满足》；约翰·伯恩海姆1994年主编出版的《阿格妮丝·赫勒的社会哲学》论文集，16篇文章中，15篇收入了瓦伊达和马尔库什等学者对赫勒哲学的介绍和评论，讨论的主题有"人类条件和现代困境""好的生活：一种道德姿态""道德政治"，主要指出赫勒的日常生活理论与马克思和卢卡奇思想的关系。除此之外的一篇为赫勒本人对其他人的评论的回复；加西亚·波洛与马里亚·热苏斯1997年撰写的《赫勒对日常生活社会学的贡献》，对赫勒的政治思想做了一个历史性评述。

　　进入21世纪初，赫勒的研究不断获得新的拓展，迈克尔·加迪纳2000年出版的《日常生活批判理论》，是研究赫勒的一部较为重要的著作，书中除了介绍赫勒在内的许多哲学家的日常生活理论外，还注重赫勒在20世纪八九十年代年思想的变化；西门·托梅2001年出版的《阿格妮丝·赫勒：社会主义、自律与现代性》，主要介绍了赫勒在以上三个方面的思想贡献，尤其是需要理论和社会主义的人道主义；格鲁穆雷2005年出版的《赫勒·历史漩涡中的道德家》，从马克思主义的复兴、朝向后马克思激进主义、反思后现代三个方面，介绍了赫勒和卢卡奇思想渊源以及现代性的一些理论。

　　除此，相关的博士论文有：马纽·巴斯蒂尔斯·乌拉的《从沉默到行动：阿格妮丝·赫勒的政治理论》（1990）；雷纳尔·卢丰的《阿格妮丝·

赫勒：多元化与道德》（1992）；罗伯特·杰·伊姆蕾的《阿格妮丝·赫勒的政治理论：一种人类解放的哲学》（1999）；比昂柯的《日常生活中的男护士自律的建构：关于赫勒理论的人种学研究》（1999）；瓦伊达的《道德哲学究竟可能吗》（1999）；德雷斯·居尔的《阿格妮丝·赫勒：矛盾的自由——一种历史哲学的考察》（2001）。

　　托梅和格鲁穆雷作为两位重要的理论研究者，他们认为赫勒的思想是一个阶段性的发展过程，赫勒是一个后马克思主义者，《历史理论》是赫勒马克思主义观转变的一个重要节点。托梅将赫勒从 1968 年出版的《日常生活》，到 1978 年的《激进哲学》，再到 1999 年出版的《现代性理论》划分为四个时期：人道主义马克思主义时期、批判的或新马克思主义时期、后马克思主义时期和"后现代"时期。这四个时期，赫勒对马克思主义的态度也从利用人道主义的马克思主义对资本主义的批判，转变为运用后现代马克思主义理论对宏大叙事的批判，对历史的认识也由普遍、整体性走向偶然、多元性。① 与托梅不同的是，格鲁穆雷将赫勒思想划分为三个阶段：马克思主义的复兴阶段、后马克思主义阶段和后现代主义阶段。后现代主义阶段是赫勒思想最为成熟的阶段。尽管赫勒本人很反对任何"主义"之称，但《现代性理论》是赫勒后现代主义最具有代表性的作品，而这一思想的转折点恰在《历史理论》的出版。② 由于赫勒思想内部存在着矛盾和张力，很难明确地区分对马克思主义态度转变的界限，但大体过程是不变的，《历史理论》是有利的证据。

---

① ［美］Tormey S. Agens Heller：Socialism，autonomy and the postmodern，Manchester and New York：Manchester University Press，2001：12.

② ［美］Grumley J. Agnes Heller：A Moralist in the Vortex of History，London & Ann Arbor，MI：Pluto，2005：4.

从国外学者的研究来看，《历史理论》是赫勒思想转折的一个关键点，《历史理论》也是探索赫勒马克思主义观的切入口。它既是认识赫勒的重要作品，也是认识赫勒眼中马克思主义的重要理论依据。若如托梅和格鲁穆雷所说，赫勒对马克思主义的态度经历了一个从肯定到否定的过程，那值得深入研究的是，赫勒在什么意义上放弃了马克思主义，赫勒的马克思主义观到底发生了怎样的变化？赫勒为什么会发生这样的转变，其转变的原因何在？是时代变迁导致马克思主义理论的有效性丧失了，还是马克思主义理论本身的内在缺陷无法回答今天的各种社会问题？在今天全球现代性的背景下，马克思主义话语体系又是什么？当我们谈论马克思主义的时候，究竟是在谈什么？

二、国内赫勒思想研究状况

截至 2018 年 4 月 30 日，通过知网检索，国内以阿格妮丝·赫勒为研究主题的文章 99 篇，摘要中涉及阿格妮丝·赫勒名字的文章 60 篇，以阿格妮丝·赫勒名字为关键词的 40 篇，参考文献涉及阿格妮丝·赫勒的文章百余篇。从以赫勒为主题的文章来看，国内对赫勒的研究大致经历了一个从日常生活、审美现代性、人的需要、道德哲学、后现代、乌托邦、历史意识、超越正义到后马克思主义的过程。

国内对赫勒的研究始于 20 世纪 80 年代，赫勒之所以能引起关注，与国内当时介绍"布达佩斯学派"有很大的关联性。1980 年《社会科学》第 6 期学术动态《东欧"新马克思主义"》一文，在介绍东欧马克思主义时，提出了布达佩斯学派。1985 年《国内哲学动态》第 12 期《弗伦茨院士谈卢卡奇研究》一文谈道，1985 年 10 月 9 日匈牙利科学院院士托克·

弗伦茨在同中国社会科学院哲学所李慧国等同志的座谈中，回答了卢卡奇和"布达佩斯学派"问题。这两篇文章主要讨论的是卢卡奇和布达佩斯学派，没有提及赫勒，但它们成为国内认识赫勒的重要桥梁。

赫勒明确被国内引入是在 1990 年《哲学译丛》第 1 期和《国外社会科学动态》第 2 期，刊载了赫勒的《卢卡奇的晚期哲学》（李惠斌译）和《日常生活是否会受到危害？》（魏建平译）两篇文章。同年，《现代哲学》第 4 期，衣俊卿发表了关于赫勒的《人的需要及其革命——布达佩斯学派"人类需要论"述评》，开启了对赫勒的研究模式。从此以后，国内对赫勒的研究展现为译著、专著和学术论文三个方面。

其中译著有：1990 年衣俊卿翻译的《日常生活》；1988 年邵晓光和孙文喜翻译的《人的本能》；2005 年李瑞华翻译的《现代性理论》；2011 年文长春翻译的《超越正义》、王海洋翻译的《后现代政治状况》、衣俊卿等人翻译的《卢卡奇的再评价》、赵司空和孙建茵翻译的《激进哲学》；2014 年王秀梅翻译的《道德哲学》和《现代性能够幸存吗?》、傅其林翻译的赫勒、费伦茨·费赫尔等著的《美学的重构：布达佩斯论文集》；2015 年衣俊卿、文长春和王静翻译的赫勒等著的《社会主义人道主义：布达佩斯学派论文集》、李西祥翻译的《历史理论》、赵空司翻译的《个性伦理学》以及年范为翻译的《碎片化的历史哲学》。

专著主要有：傅其林著《阿格妮丝·赫勒审美现代性思想研究》（2006）；王秀敏著《个性道德与理性秩序：赫勒道德理论研究》（2011）；李晓晴著《激进需要与理性乌托邦：赫勒激进需要革命论研究》（2011）；李霞著《个性化日常生活如何可能：赫勒日常生活理论研究》（2001）；赵司空著《后马克思主义与现代的乌托邦：阿格妮丝·赫勒后期思想述评》

（2013）；李伟著《后马克思主义视域的历史想象——赫勒历史哲学研究》
（2016）。

博士论文有：四川大学傅其林《阿格妮丝·赫勒审美现代性思想研究》
（2004）；黑龙江大学王秀敏《现代社会的个性道德探寻——阿格妮丝·赫勒
道德理论研究》（2010）；复旦大学帅倩《赫勒日常生活批判》（2011）；黑
龙江大学王静《作为文化批判的审美——赫勒美学思想研究》（2011）；黑
龙江大学范为《一种现代性批判的历史哲学——赫勒的后期思想研究》
（2012）。

硕士论文有：北京大学肖红《激进需要及基本需要的革命——对阿格
妮丝·赫勒人类需要理论的解析》（2007）；黑龙江大学杜红艳《走向日常
生活的人道化——论卢卡奇与赫勒的日常生活批判理论》（2009）；黑龙江
大学李响《赫勒日常生活批判理论研究》（2012）；哈尔滨师范大学王冲
《阿格妮丝·赫勒的超越正义理论问题研究》（2013）；河北大学李央《阿
格妮丝·赫勒交往理论研究》（2013）；黑龙江大学秦哲《论赫勒的人类需
要理论》（2013）；华南理工大学周治健《主体理论的嬗变——从笛卡尔到
阿格妮丝·赫勒》（2013）；南京师范大学杨明月《阿格妮丝·赫勒日常生
活异化及批判理论研究》（2014）；西北师范大学《赫勒日常生活批判理论
研究》（2014）；华侨大学薛冬梅《意义生活：现代日常生活的至上追
求——以赫勒的日常生活理论为视角》（2014）。

从1990年《哲学译丛》李惠斌翻译赫勒的《卢卡奇的晚期哲学》开
始，到21世纪赫勒各种著作的出版，国内形成了赫勒的多元结构研究。
但就本书所关注的赫勒历史哲学这一主题而言，根据现已掌握的材料，国
内学界并没有太多的研究，只有译著三本、博士论文一篇以及一些学术论

文。较早一篇提及赫勒历史理论的学术论文，为李伟在 2007 年《国外理论动态》第 8 期发表的《阿格妮丝·赫勒的理论追求》。

围绕赫勒历史哲学的讨论，主要集中在以下几个方面。

（一）赫勒历史哲学是对黑格尔历史哲学的批判继承

李伟和傅其林在考察黑格尔与赫勒的关系时，发现黑格尔对赫勒历史理论的形成产生了重大影响。在他们看来，赫勒后现代历史叙事方式不是空穴来风，黑格尔的体系化哲学深刻影响了赫勒的历史叙事。李伟认为，黑格尔运用辩证的方法和发展的观点对人的意识、精神的分析，直接影响着赫勒关于历史意识发展的阶段论。同时，黑格尔关于绝对精神把握世界的确信，也直接体现为赫勒历史哲学对拯救星球的责任与使命。① 傅其林也提出了类似的观点，不过他是从美学的角度发现了黑格尔对赫勒的影响的。傅其林指出，赫勒深受卢卡奇的黑格尔式马克思主义美学思想影响。赫勒尽管批判了黑格尔的宏大历史叙事，没有直接延续黑格尔的现代性理论，但批判本身仍是一种继承。不可否认的是，黑格尔在赫勒历史哲学与审美的过程中起到不小的作用，赫勒的历史哲学逃脱不掉黑格尔的历史哲学。②

（二）赫勒历史哲学主要是对历史哲学的解构

李西祥在赫勒《历史理论》译者序中，得出这样一个观点：在常识性的理解中，历史哲学与历史理论是很难区分的，但在赫勒看来，历史哲学和历史理论并不是同一个东西，二者不能等同。赫勒历史哲学是对历史哲

---

① 李伟. 黑格尔体系化哲学对赫勒历史叙事的影响［J］. 北京职业学院学报，2010（2）.
② 傅其林. 论布达佩斯学派读黑格尔历史哲学的美学批判［J］. 汉语言文学研究，2011（1）.

学的解构，目的是试图用历史理论替代历史哲学。赫勒以马克思的历史哲学为典范，提出了"历史的社会主义理论"。① 李伟认为1980年后历史问题与现代性问题逐渐成为赫勒的研究主题，按照时间顺序，历史问题是赫勒"社会人类学"研究的最后领域。② 赫勒对历史的思考当属于历史哲学，她的历史哲学思想的发展实质就是一个从建构一种历史理论的体系，到碎片化的历史断想，再到现代性历史反思与重构的发展过程。其日常理论、需要理论和现代性理论与历史哲学有紧密的相关性，并具有典型的后现代主义倾向。③ 颜岩认为，从赫勒《历史理论》对历史意识的划分过程中可知，其出发点是对整个历史哲学的批判。历史哲学并不是关于整个人类历史的哲学学说，而是指人们对现代社会这一特定人类历史阶段的理论反思。④ 傅其林认为，赫勒把历史哲学救赎范式纳入她的现代性理论框架之中，也可以说她所指的现代性就是历史哲学意识的体现。⑤

（三）赫勒历史哲学是后马克思主义式的解读

把赫勒历史哲学认为是后马克思主义式的解读的学者有颜岩、赵司空和杜红艳。他们通过对后马克思主义的研究，认为赫勒的历史哲学就是从马克思主义角度看待历史问题的。在颜岩看来，将赫勒定位为后马克思主义，不是主观臆断，是有根据的。首先，赫勒在《激进普遍主义的盛大与黄昏》中，已经以后马克思主义者自称。其次，一些重要的后马克思主义

研究者也认定赫勒是后马克思主义者。① 赵司空认为，赫勒的哲学思想经历了三个阶段：批判马克思主义、后马克思主义和后现代。赫勒历史理论遵循着三个逻辑，即技术逻辑、市民社会逻辑和政治权力逻辑，而非马克思历史哲学的"生产力决定生产关系"的一元逻辑。赫勒用历史理论替代历史哲学，为的就是重建新的历史唯物主义。赫勒的后马克思主义与拉克劳和墨菲的后马克思主义也不同，拉克劳与墨菲将其领导权称作"激进的民主政治"，而赫勒公开承认她的后马克思主义在政治上不再是"激进的"，而毋宁是"政治的现实主义"。② 杜红艳认为，赫勒历史哲学的特点之一在于"后"历史意识与"后"历史解释模式。事实上，"后"是一种模糊不清的时空描述，既指"之后"也指"之外"，代表着许多不同的情感和态度。赫勒通过对后现代的描述赋予了"后"独特的意义。③

（四）赫勒历史哲学唤起了新的乌托邦的需要

从赵司空和李西祥的学术论文可以看出，赫勒尽管批判了历史哲学的乌托邦，但没有抛弃对乌托邦的需要。赵司空认为，赫勒批判的不是乌托邦本身，而是历史哲学所建构的乌托邦。在赫勒看来，乌托邦不是关于事实的论证，是关于未来的理念，我们需要重新认识历史理论框架下的乌托邦。④ 按照李西祥的观念来看，赫勒历史哲学的乌托邦与历史哲学的乌托

---

① 颜岩. 走出历史哲学幻想——阿格妮丝·赫勒后马克思主义思想评析 [J]. 马克思主义研究，2009（11）.

② 赵司空. 从后马克思主义到后现代的政治——阿格妮丝·赫勒哲学述评 [C]. "后现代主义与后马克思主义"国际学术研讨会会议论文集，2008.

③ 杜红艳. 后历史意识与后历史解释模式——布达佩斯学派后现代视域下文化批判的历史旨归 [J]. 苏州大学学报（哲学社会科学版），2015（2）.

④ 赵司空. 从后马克思主义到后现代的政治——阿格妮丝·赫勒哲学述评 [C]. "后现代主义与后马克思主义"国际学术研讨会会议论文集，2008.

邦之间的区别在于，历史哲学的乌托邦是一种可以实现的未来，而历史哲学中的乌托邦是关于未来的理念，而非未来。未来是一种现实形式，而理念是未来的一种构想，它并不意味着事实上的实现。我们的任务是努力接近这个理念，而现实上能否实现就不在历史理论考虑的范围内了。赫勒提出未来乌托邦理念，具有着伦理学的维度，目的是建立一种积极的斯多葛主义——伊壁鸠主义的理论学。①

从总体上看，国内学界主要是从现代性与后现代性、后马克思主义、乌托邦与社会主义等角度深入解读赫勒的历史理论，这就为我们把握赫勒历史哲学思想提供了有利的帮助。本书努力在前人的研究基础上，进一步深入认识赫勒历史哲学思想，认识赫勒分析历史问题的方法，整体上把握赫勒历史理论的内在逻辑，透析碎片化时代的碎片历史。

第四节　内容结构

根据赫勒《历史理论》，结合《碎片化的历史哲学》与《现代性理论》，本书除绪论外拟设五个章节，每章的主题分别是历史性、历史编纂学、历史哲学、碎片化的历史哲学和历史理论。章与章之间蕴含着两种逻辑结构，一是解构—建构—重构历史哲学的逻辑，二是过去—当下—未来的时间逻辑。通读历史哲学三部曲可以发现，赫勒历史哲学最重要的两部分内容是历史理论和绝对的当下，历史理论表现为对传统历史哲学的扬

---

① 李西祥. 赫勒的历史哲学批判与对社会主义的新理解 ［J］. 苏州大学学报（哲学社会科学版），2015（2）.

弃，绝对的当下是赫勒扬弃传统历史哲学的思想武器。按照时间跨度，赫勒把历史分为三个阶段，即过去、当下和未来，每一阶段对应一种理论。历史之过去与历史编纂学对应，历史之当下与历史理论对应，历史之未来与历史哲学对应。尽管三种理论都关注历史的过去、当下和未来，比较而言，历史编纂学侧重收集和记录过去的历史事实和历史事件，历史哲学致力于设计历史未来宏伟蓝图，历史理论更加关注历史当下的现实生活。

过去已然过去，未来尚未到来，受主客观条件的影响，历史之过去和历史之未来的真实性以及客观性始终存有争议，只有人们亲历的历史之当下才最真实可感。历史理论是关于历史当下的记载与反思，《历史理论》一书的志趣就在于通过"绝对的当下"的分析手法解构传统历史哲学，创造适应当代社会的全新历史哲学。赫勒把这种全新的历史哲学称为"历史理论"，这就意味着"历史理论"是在否定传统历史哲学基础上形成的。根据赫勒规划出的"历史理论"阐释路径，本书将遵循解构—建构—重构历史哲学的逻辑结构和过去—当下—未来的时间逻辑结构，探索赫勒历史哲学的合理性与偏颇性。

本研究对于赫勒历史思想，采用了复述、梳理、阐释、评估的研究方式，当然，严格意义上，这四者是融为一体的过程，复述需要梳理，梳理即阐释，阐释本身又具有评估的性质。章节标题上没有出现赫勒的名字，但全部行文都是在探讨赫勒的历史思想，力图在赫勒所展示的历史思想平台上，和她对话，和她辩驳。在章节的安排上，参照了赫勒《历史理论》《碎片化的历史哲学》《现代性理论》的章节标题。在一定意义上，我们可以说，这三部曲具有"正反合"的性质，《历史理论》尽管具有后现代意识，但大体而言，还是"正面的"宏大叙事；《碎片化的历史哲学》在思想和表述上都颇具后现代的风格，不乏"反面的"解构意味；《现代性理论》则又回到稳妥踏实的叙述，具有新的综合性、系统性和乐观精神。就内容而言，前三章基于《历史理论》，第四章基于《碎片化的历史哲学》，第五章基于《现代性理论》，力图将文本解读和思想阐释相结合，呈现赫勒历史思想的基本面貌，旨在确定赫勒历史思想的历史地位，及其为历史哲学在当代的展示所提供的可能性空间。

绪论

介绍以赫勒历史哲学为议题的缘由、价值，综述国内外对赫勒思想特别是历史哲学的研究状况，阐明本研究的基本思路和方法，坦承本研究希望达到的目标，以及达成这一目标所面临的困难。

赫勒对历史哲学、历史编纂学、历史理论等术语的使用，在不同时期的著述中有所不同，这意味着她对通常而言的历史哲学、历史编纂学、历史理论的体认有所变化，并且，她对这些概念术语有自己独特的界定和使用。本研究泛泛而谈赫勒的历史思想时，惯于使用"历史哲学"一词，但在具体的阐述中，会依据赫勒本人对这些术语的使用情况，因地适宜，分别使用"历史哲学"或"历史理论"等术语。

需要补充的是，不能简单地把赫勒的历史思想视作从历史哲学转向历史理论的过程，的确，相对于黑格尔和马克思的历史哲学，赫勒更为喜欢"历史理论"，但她并没有废弃历史哲学这一术语，由《碎片化的历史哲学》一书的标题不难看出，赫勒承认后现代知识状态中依然有历史哲学的存身之处。尽管此时的历史哲学相比较现代的历史哲学，已然是碎片化了的，但仍然还是"历史哲学"，还富有黑格尔和马克思所赋予历史哲学的某些品质。

所以，本研究的目标在于，阐明赫勒的历史思想在从反思现代性到一定程度上欣然领受后现代命运的过程中，何以对黑格尔和马克思所代表的历史哲学样式，保持一种若即若离、不即不离的态势，以及这一态势为什么是值得赞赏的。由此，本研究的困难也就迎面而来。需要对黑格尔的历史哲学有深入的把握，对马克思的历史唯物主义有系统的认识，并且，需要对当下的后现代境遇有充分的自觉。

第一章　历史性的多重面相

按照赫勒的观点，历史性并不只是发生在我们身上的某种东西，我们即是历史性，我们即是时间和空间。历史性的首先问题是：我们从哪里来，我们是什么，我们向何处去？问题常在，答案却总在变化。对这个问题的答案，赫勒称作"历史意识"。对这一问题在实质和结构上各不相同的答案，赫勒称作"历史意识的阶段"。

1. 复述赫勒所说的历史意识的六个阶段，着重探讨第六阶段，亦即历史意识的困惑阶段。历史意识的困惑产生于第一次世界大战，并由第二次世界大战所强化。在这一时期，历史哲学提出了三个替代性的命题，分别是：研究机构事实性；大饭店深渊；恶之激进化的心理避难所（精神病院）。

2. 历史性当下的不同形式可以用这些术语来规定：刚刚（just now）、现在（now）、正在（being now）。第一个术语关系到通常意义上的过去和未来，第二个术语关系到"过去的时间"和"将要来的时间"，第三个术语关系到开始和结束。每一个"刚刚""现在"和"正在"都是"共同的"，共同性即当代性。历史的当下不是绝对的当下，而是一个文化结构。

历史当下的建构在历史意识的不同阶段是不同的。我们居住在三种当下中，并与三种过去和三种未来相区别。"激进解释学"意味着在日常意识的层次上对历史的一种可一般化的方式。

第二章 作为知识的历史编纂学

历史编纂学被视作一种知识，真正的知识，这是由希罗多德提出的与单纯意见相比较的知识。哲学家们以不同的方式，把真实知识与日常思维中的意见相比较。与日常意识相比，历史编纂学是知识，因为它的目标不在于任何实用的或直接实践的应用。然而，中介的（亦即从不是直接的）实践意图与历史编纂学的规范并不矛盾。历史编纂学是且总是批判的，它的主题是由当下建构的。按照赫勒的观点，历史编纂学的主题是由对信息的欣然接受所激起的过去且仍然涉及过去，与之相比，历史哲学的主题是过去、当下和在当下中的未来，但它是从未来的视角来涉及当下的。①

1. 历史哲学是我们历史性的被归咎意识的命题以及其真实知识应该被与直接的实践兴趣和实用兴趣分离的伴随命题，不是两个分离的命题，而是一个命题，因为分离的指令就像这种分离本身不能达到的洞见一样，都是对我们的历史意识的表达。赫勒认为，尽管这一"应该"与"是"之间的张力是内在于所有范畴本身的——这是为什么"应该"总是反事实的——但声称所有应该做的事情都是不能做的事情却是一种错误概念。在

① 这一章，具有分析的历史哲学的一些意味。赫勒似乎没有使用过"分析的历史哲学"这一术语，她的《历史理论》大体上属于宏大叙事的写法，不过其中第二部分对历史编纂学的探讨，貌似分析的历史哲学的风格。此外，《碎片化的历史哲学》类似"叙事的历史哲学"的写法，《现代性理论》则颇有文化理论、人类学、伦理学等类型的关怀和写法。

现代历史编纂学中，"应该"是以一种经过反思的方式来反事实的：我们知道"应该"不能实现，但是我们仍然要求它"应该是"。历史编纂学可以用不同方式与具体的善相关联的评价性概念运作。

2. 赫勒在阐述对客观性的理解时，回答了客观性是否被看作历史编纂学中的绝对规范的问题，思考了这一规范如果被接受的话是否能够遵守，如果能的话，在何种程度上被遵守。为此，特别讨论了兰克、布拉德雷等人的思想对"事情是如何发生的"这一问题的答案，其中包含了这样一些因素：从关联于符号的发生的事情和事件中选择，按照评价、情感和兴趣从关联于不同象征的平行或相继的事情和事件中选择。它是一个隐含了评价的评价性陈述或一系列陈述。一切历史都表现为事件、发生、习俗和制度的连续链条，它们呈现为一个"流"。历史材料的组织要求为了扩大它们而"剪除"这个链条上的某些环。

3. 历史的揭示使得人们能够在空间—时间维度中理解社会问题，换言之，理解社会问题的时空变化。如果它能够使人们理解社会问题及其变化，解释就完成了。有两种被普遍接受的理解形式或方法：阐释，以及狭义上的解释。赫勒认为，阐释也只是解释的一个亚种。阐释和解释都力图引起"我明白了"这样一种理智的感觉，二者都宣称对历史更真实的、更好的重构。在这二者之间选择，就是在两种哲学之间选择。前者以伽达默尔《真理与方法》为代表，后者以德罗伊森《历史知识理论》为代表。前者旨在对证据的解读，后者旨在对证据的安排。而一般化是历史编纂学的导向原则。

第三章 历史哲学中的意义和真理

对历史哲学的探讨，需要采用与历史编纂学分析不同的方式。历史哲学的核心范畴是大写的历史，它总是被理解为变化的，并且一般陈述是把它视作整体而表述的。历史哲学把当下理解为过去历史的产物，在历史哲学中，历史的真理在未来中揭示自身：在历史或历史性或二者兼有的未来中揭示自身。人类存在的意义被理解为历史存在的意义。

1. 历史哲学主要关注的是，作为整体的"大写的历史"中发展图示的认识的确定性。发展逻辑必须从假定对未来的知识来确立。历史哲学为了把握作为整体的大写的历史，就必须将一切人类文化安排为一个单一线索，并按照其在人类生活中所占有的位置来评价这些不同文化。如果"大写的历史"是连续性本身，断裂就被视为不同文化的生命。赫勒强调，历史哲学是经过反思的普遍性意识。历史哲学的不同类型，表现在对发展逻辑的不同阐述，由此分为这样几种：进步理论、退步理论、永恒重复理论。发展的观念包括机械的、有机的和辩证的。

2. 一切历史哲学都声称做出了关于未来"历史"的真实表述。"大写的历史"被视作未来的"充足原因"，并且因此，"大写的历史"的未来发展被以一种绝对的方式加以把握。一切普遍发展理论可以说都是目的论的，内在于历史哲学的，是这样一个基本矛盾：一方面，历史被理解为人类活动、目的和意志的结果；另一方面，历史被理解为通过一个普遍规范、决定论的序列或内在逻辑的自我展开。"历史规律"是司法规律和自然科学规律的混合物。

3. 历史哲学中的整体论和个体论，与"整体和部分"及"一与多"的古代哲学问题毫无关系。历史实体是人类存在，实体总是被理解为整体性。这个整体性可能是普遍的（历史、人类），特殊的（文化、国家，或一个特殊的文化或阶段），或单一的（个体性、个人）。主流的历史哲学结合了这三种类型的整体性。作为无所不包的整体的世界历史的绝对优先性，在黑格尔的历史哲学中得到了最好的表现。历史变化的承担者，或者与意志一致，或者通过实现必然性来创造历史的行动者，被称为"世界历史的主体"，这一主体可以是个体主体，也可以是集体主体。赫勒分辨了这些主体的不同样式，特别探讨了马克思的"集体主体"思想。

第四章 碎片化的历史哲学

关于碎片化的历史哲学的阐释中，赫勒重点探讨了偶然性问题。赫勒把偶然性作为存在的术语来使用，所谓偶然性就是男人和女人体验和描述为"作为偶然的"人的境况。

1. 在赫勒看来，碎片化是一种体裁。碎片化式的书写并不意味着任何历史叙事都是零散的、无章法的。碎片化作为解构"大写的历史"的方法，在反对普遍性、整体性的同时，有其内在的逻辑架构。偶然性就是解构思辨历史哲学的钥匙，"偶然的"与"意外的"有关，但并不等同。"零和无限"代表着宇宙的偶然性，"被抛入"代表着历史的偶然性。偶然性是目的论的反面；通过一直剥夺他们的目的，男人和女人成为偶然性的存在。赫勒认为，在现代性的起初，偶然性意识快速地从（前现代的）边缘向着中心移动。笛卡儿主义和现代宇宙论的出现，极大地推动了对宇宙的偶然性的意识。全部黑格尔学派的体系，都可以被描述为一种征服宇宙的偶然性的巨大尝试，并且，同时也接受历史的偶然性（这个现代人的卓越经验）的巨大尝试。在一个后现代的世界中，生活在宇宙偶然性意识中的固执的意志和尝试去征服它的意志，能够和平共处。

2. 偶然性是一种存在的体验，偶然性的稳妥是一个存在的问题。宇宙的偶然性问题在本质上是一个思辨的问题而不是实践的问题。社会—历史的偶然性的问题，则明显是个实践的问题。命运意味着目的（我们应当达到的结局）和宿命（降临到我们身上的结局）。赫勒认为，当我们开始发展内在目的时，社会—历史的存在的二律背反就被解决了；然而，宇宙的偶然性的二律背反仍然悬而未决。

3. 历史—社会的偶然性是现代人的境况。偶然性是一个现代的现象，而出生的意外性是一个前现代的经验。偶然性相当于对出生的意外性的辩证的否定。出生的意外性决定一个人作为一个有限的存在，偶然性没有否认出生的意外，而是扬弃了它，并且，偶然性仍然是那个意外的反面。偶然的人是一个历史的结果。伊壁鸠鲁说过，生活在必然性中是不幸的，但生活在必然性中不是必然的。赫勒将之做了修改：生活在偶然性中是不幸，但是生活在偶然性中不是偶然的。

第五章　一种历史理论的意旨

历史理论是赫勒在解构"大写的历史"哲学基础上，重构出的一种全新的历史哲学。不同于史学理论，历史理论属于哲学范畴，但在哲学的框架下，历史理论又与传统思辨历史哲学相区别。结果就是，历史理论不再遵照唯一的社会逻辑，唯一的社会文化，唯一的价值理念审视历史之过去、历史之当下以及历史之未来。

1. 历史理论的"新"体现在不侧重历史编纂学所关注的过去和思辨历史哲学所关注的未来，而侧重历史之当下。作为历史之过去与历史之未来，由于脱离人的具体实际生活，而不具有"实体性"存在，只有历史之当下才更加真实可感。赫勒之所以有这样的结论源于现代性的发展，现代性是造成历史急剧变化的根本。

2. "大写的历史"通过建立天堂的王国进入了这个世界；只要这里有历史，就仍然有对于拯救的需要。但是对痛苦和灾难的感觉已经改变了，因此拯救的感觉也已经改变了。年轻的卢卡奇曾经问道："谁将会把我们从西方文明中拯救出来？"赫勒的回答是道德乌托邦。现代的乌托邦承诺了自由、丰裕，还必须处理宇宙和社会—历史偶然性的意识。由此，乌托邦需要被嵌入一个历史发展的客观目的的洪流中，而且需要代表这个目的、这个发展的终点。乌托邦是对现实的否定，确切地说，作为负极的现实是被作为正极的乌托邦所构成的。乌托邦承诺了我们所有需求的满足，并承诺了冲突的结束。赫勒结合布洛赫《希望原理》展开论述现代人也需要拯救。

3. "历史哲学"这一概念从其产生到广泛传播，按照沃尔什的分类，从不同的研究理路来看，可分为思辨历史哲学、分析历史哲学和叙事或后现代历史哲学。但若换一种角度进行审视，从内容上进行区分，历史哲学还可以分为神话版、宗教版、哲学版等多种类型。其中哲学版又可细分为历史唯心主义版、历史唯物主义版等，赫勒的历史理论就属于哲学版中的历史唯物主义版。

结语

后现代思潮对一切宏大叙事都提出了全面的批评，黑格尔历史哲学作为宏大的历史叙事的集大成者，受到的批评尤其严重。赫勒基于后现代语境所做的历史思考，毫无疑问，也是在批评黑格尔的宏大叙事。不过，赫勒意识到，对黑格尔来说，宏大叙事是用以解构前现代的社会格局并给予现代世界以合法性的工具。可以把黑格尔的方案理解为一种隐藏的神正论，但也可以理解为一种反神正论。就此而言，赫勒对黑格尔的历史哲学有充分的理解，这有助于我们在后现代语境中，对宏大叙事抱持一种恰当的态度。

赫勒对马克思的历史思想有高度的评价：对形而上学的根本颠倒；对人类理性、创造力和自由的无可置疑的信心；把现代资本主义当作一个过渡阶段。不过，赫勒认为马克思主义"历史的唯物主义概念"是一个本质主义的话语，当技术作为"始因"取代创造性的"类本质"时，马克思陷入了另一种形而上学。联系哈贝马斯《重建历史唯物主义》和阿伦特《人的境况》，我们可以对历史唯物主义有更为深入而全面的理解。

赫勒把共有的生活经验及对这些经验的描述与反思称作"社会现实"，由于每一种生活经验都具有独特性，"社会现实"从不同的角度予以表述，也就具有相去甚远乃至大相径庭的面目。就此而言，我们应当且只能基于自己的生活经验，把握我们所置身的社会现实，体悟现代性的本质。20世纪以来中国的社会现实，以及我们所体认的现代性，内在地要求马克思主义的中国化，要求一切外来的现代思想的中国化，同时，也要求中国传统思想的现代化。此一过程中所展现的历史意识，有待于我们认真地感悟和阐发。

第五节　研究方法与创新点

一、研究方法

（一）概念史的清理

赫勒在其著作中，对历史意识、历史编纂学、历史规律、乌托邦等概念的来龙去脉有初步的阐述，本书拟对赫勒的阐述做进一步的整理，澄清赫勒关于历史哲学、历史编纂学、历史理论等概念的基本构型，在此过程中，或将对历史哲学概念谱系提供一种粗浅的重构。

（二）文本解读和思想阐释相结合

聚焦赫勒《历史理论》《碎片化的历史哲学》《现代性理论》三个重要文本，基于中译本和原文本的对照，把握文本的前提预设、基本思路、主要命题、核心观点，注意其间的差别和歧异，不同理路不同对待，而非笼统地一概而论。特别是对赫勒提出的一些重要命题，依据这些命题在文本中的位置，阐明其在赫勒思想体系中的意旨，进而一般性地对历史与进步、历史与偶然性、历史与真理、历史与乌托邦、历史存在的意义等议题做出阐释。

（三）人物思想比较

通过赫勒和她的老师卢卡奇的比较，赫勒和海登·怀特的比较，进一步确认赫勒在东欧新马克思主义和当代国外马克思主义、后马克思主义等谱系中的位置，阐明赫勒历史哲学的独特的意义和价值。

二、创新点

从国内已有研究成果来看，有关赫勒历史哲学思想研究可以包含两种方式，一是以微观角度，从赫勒历史哲学思想中的某一个问题入手，考察赫勒对具体问题的阐释；二是以宏观角度，透析赫勒历史哲学思想形成的原因、过程和意义。微观式分析，更加细致地论述了赫勒对历史问题的认识；宏观式分析，更加整体地呈现了赫勒历史理论的来龙去脉。这两种方式分别为认识赫勒历史哲学思想提供了有力帮助，本书试图在此基础上把二者结合起来，由内到外，由局部到整体，展开对赫勒历史哲学思想的深入追问，考察赫勒历史哲学思想内在逻辑结构和外在特征。

一方面，深入赫勒历史哲学理论内部，考察赫勒对历史的具体分析。不是选择赫勒历史哲学理论中的某一议题，而是选取多个议题，通过逐一论述，全面把握议题之间的内在联系，以及赫勒选取多种议题的原因与目的。比如，赫勒把历史进行了整体性的分割，从碎片化的角度重新定义了进步、必然、真理和意义的含义。值得深入反思的是，赫勒为什么从碎片化的角度解读历史，她所强调的碎片化与杂乱无序是怎样的关系，我们今天如何应对碎片化的时代特征。赫勒在什么程度上重新定义了进步、必然、真理和意义等议题，进步、必然、真理和意义等问题的元概念与新内涵是什么，赫勒是怎么解构这几个议题的，以及赫勒重构这几个议题的原因和旨趣。

另一方面，从总体性出发，把赫勒历史哲学放置于全球化背景下，与马克思历史唯物主义对话，考察现代性与后现代性之间的关系。赫勒把马克思视为现代性的理论家，延续了马克思对历史的思考，却从后现代的角度进行了深刻的批判。然而，赫勒在否定了马克思的历史分析方法的同时，客观上又加强了马克思历史唯物主义的生命力。赫勒把我们带入新的视域重识马克思，但不是脱离马克思文本依据的空谈遐想，可以说马克思在赫勒笔下得以再生。再生不是简单的还原，批判性不是简单的否定，赫勒对马克思的批判，体现了后现代与现代性之间的张力。因此，有必要从全球化的背景下，考察赫勒历史哲学理论与马克思历史唯物主义的异同。

研究方法方面的特色和创新在于，把主题式研究和文本细读相结合，基于对主题的聚焦解读文本，在对文本的梳理中推进相关主题的阐发；直面关于赫勒历史哲学的不同意见，直面后现代历史哲学对历史宏大叙事的各种冲击，通过认真严肃的学理分析，敞开赫勒历史哲学的思想空间，阐明运思这一问题的新路径。

第一章

历史性的多重面相

　　赫勒关于历史哲学的理论研究主要包括历史性、历史编纂学、历史哲学和历史理论四大部分，其中历史性是赫勒历史哲学理论研究的开端。历史性是赫勒《历史理论》提出的首要概念，赫勒把历史性作为《历史理论》的第一部分，这就意味着赫勒的历史哲学理论始于历史性。在阐释历史性的过程中，赫勒一方面定义了历史性的含义，一方面又以历史性作为思考人类历史意识的方法，提出历史性不是发生在人身上的某种东西，历史性是人存在的一种方式，人是一种历史性的存在。历史性不是关于历史的记载，不是关于历史的总结反思，它就像人类本质中富含的微量元素，伴随人类生长、变化与灭亡。赫勒借用康德先天综合判断中的时空观做比喻，指出历史性是一种先天形式。人类的一切对象性活动，从根本上说，都具有历史性。无论何时何地，人与历史同时存在，只要有人存在的地方，就有历史存在。在时间和空间上，历史性不仅仅包含过去，还包括当下与未来。人对自身与社会的认识总是一定时空中的认识，也即一定历史性的认识，历史性不会脱离人而单独存在。

　　由此，历史性是认识赫勒历史哲学思想的第一步，起到最基础性的作用。只有充分掌握赫勒对历史性的阐释，才能深入把握其历史哲学的内涵与外延。作为一种时间和空间的存在，历史性具有多重面相，赫勒通过考察不同时段的历史意识，区分了历史之当下、历史之过去与历史之未来，把关注的重心凝聚在历史之当下。基于历史之当下，赫勒以细腻的笔触书写了日常生活的历史意识，视其为不可忽视的理论要素。

第一节　历史意识

按照德国当代历史哲学家约恩·吕森的观点，不管是谁，只要关心他所处社会的历史文化，都会谈到"历史意识"。① 历史意识通常包含两层意思：一是指关于"历史本身"的意识，涉及历史本体论、历史认识论以及历史语言学；二是指历史发展过程中所呈现出的诸多意识形式。赫勒在此含义上，进一步提出历史上的任何观点都可称之历史意识的显现。历史意识就是要回答历史性的终极问题：我们来自哪里，我们是谁，我们将走向何方。历史意识伴随历史书写应运而生，从古希腊到现代社会，大致经历了六个阶段，每一新阶段的诞生都是对前一阶段的扬弃。马克思的历史意识处于历史意识发展的第五阶段，影响了历史意识第六阶段的形成。当下正处于历史意识发展的第六阶段，需要结合马克思主义理论，反思历史当下的得失。

---

① ［德］吕森. 历史思考的新途径［M］. 綦甲福，来炯，译. 上海：上海人民出版社，2005：60.

一、历史性的永恒性问题

　　人是一定时空的产物，一经出现，就具有一定的历史性。历史性就是时间和空间，康德把时间和空间看成人感性直观的先天形式，历史性如康德所说，具有与时间和空间同样的特质。"我们即历史性，我们即是时间和空间，这两种康德的'直觉形式'不是别的，仅仅是我们的存在意识。"① 康德认为，人的感性是通过时间和空间对对象的刺激反应形成的感性认识，时间和空间是人类获取感性经验的纯形式。时间和空间不是人的绝对或相对本性，它是人类获取经验认识的途径，在经验上具有实在性，在形式上具有先验性。这种先验性意味着它是经验的预设，同时又不能脱离主体而存在，如果把主体去掉，时间和空间都将消失。时间和空间需要借助人类显现，实存于人的意识中。人们可以设想没有任何事物的时间和空间，却不能在时间和空间之外设想任何事物。赫勒继康德的时空二元论，把历史看成时空范畴，认为历史性更是一种时间性和空间性的存在，具有康德所强调的先天性。在赫勒看来，人既不能设想历史之外的事物，也不能在历史之外设想事物，历史性就是人类所处的时间和空间，与此同时，历史性先于主体又不能脱离主体独立存在，它通过人显现，在人的意识中实存。

　　人存在于时间和空间中，意味着赫勒所说的我们就是时间，我们就是空间。我们就是时间，强调人的存在可以是曾经的、现在的，或将来的。曾经存在，表明不再是具体的存在物，不会出现在将来，但可以始终存在

———————
① ［匈］赫勒. 历史理论［M］. 李西祥，译. 哈尔滨：黑龙江大学出版社，2015：4.

着，被描述、被讲述、被叙述。现在存在表明不是曾经的存在，不是将来的存在，而始终处于现在的结构中。我们处于现在而不是将来，对于还未成为且将不成为的我们来说，未来不属于我们，但可以属于他人，我们还未成为时，他人已经成为，我们将不成为时，他人将会成为。曾经、现在、将来作为时间的某一阶段或时刻，不是我们存在，就是他人存在，不论主体是谁，都是为人的存在，人的存在是时间性的。时间变成人存在不可或缺的一种形式，那么人存在的时间，等于存在的历史，时间性决定了人的历史性，构成历史性的一部分。

时间也是空间，人除了在时间中自由切换外，时间性的存在也是空间性的存在，空间性构成人存在的另一种不可或缺的形式。我们就是空间，与我们就是时间类似，生发同样的意义，空间性也构成历史性的一部分。作为具有总体性的人，是既定空间中的产物，像赫勒所说，可能在这里存在，可能在那里存在，在空气中，在风中，在火中，在天堂中，在地狱中，在任何一处，或在虚无中。虚无是一种空间，也是一种时间。正是时间性和空间性的存在，使得不存在或不在某处才有意义，具有研究追溯的价值。人依附于时间和空间，历史是时间和空间的集合，因此人的时间性和空间性形成了人的历史性，人的历史性就是人存在的一种根本方式，也即时间性和空间性的存在。

作为历史性的人，人的历史性表明人在历史中，或在时间空间中，只能存在于某段时间的某个空间中，因而是可朽的。可朽的只有人的生命才具有，动物的生命不具有可朽性，人的可朽基于"拥有一个可流传的从生到死的生命故事的个体生命是生物性生命的升华"。① 赫勒指出，可朽的即有死的，动物也会死亡，但不是有死的。有死的表明人能够意识到他们会死亡，人能够意识到的自身所处的历史结构，认识到自身的时空性，而非动物那样在历史中按其本性自在存在。人是一种自为性的存在，人的自为性在于人不是随心所欲的存在，人可以进行有意识有目的的劳动。人与动物的最大区别就在于意识，人有意识而动物没有，人能够根据意识把自然存在物创造成属人的世界，把自然变成人化自然，然而动物却不能，动物只能适应自然，维持基本的生命需要。人除了满足基本的需要外，还能再生产，创造更多的物质和精神文明，思考人所处的环境，总结历史得失。人的意识作用到历史上，就会意识到自身的历史性存在，反思曾经、现在与将来存在的意义，对历史的反思也即历史意识。

历史意识就是人在回答历史问题时形成的思考，赫勒进一步指出，历史性的首要且最高的永恒问题是"我们来自哪里，我们是什么，我们走向何处"。问题从来不会变化，但对问题的回答总是变化的，不同时空的人面对同样的问题有不同的答案，问题的答案可被称为历史意识。同一问题实质和结构上不同的答案，则是历史意识的阶段。

二、历史意识的六阶段演变

历史意识作为对历史性终极问题的回答，受时间和空间影响，它并非固定不变的意识，而是呈阶段性变化。对于人类而言，不同时期拥有不同的历史意识，从有文字记载以来，人类历史大致经历了六个阶段，这是一

① ［德］汉娜·阿伦特. 历史的概念——古代的和现代的［M］//陈恒，耿相新. 新史学第九辑：观念的历史. 郑州：大象出版社，2009：4.

个从未被反思到反思，后者批判继承前者，再被新的后者否定形成新的阶段的过程。每个阶段有每个阶段的特殊性，但实质上都在回答"我们来自哪里，我们是什么，我们走向何处"这三个问题。历史意识在时间和空间的制约下，不仅被时间和空间推动，在推动的同时，也不断拓展了历史的时空范围。历史意识与时间空间的相互交织、相互影响，构成历史之为历史的整体性。历史在历史意识的不断反思中积累、沉淀，增加了时间和空间的长度、厚度与深度，使时空里的内容得以充实，形成人们对过去、当下和未来的认识。

赫勒在《现代性理论》中指出，历史意识并非停留在认识或意识层面，历史意识更是一种话语方式，"这一术语并不表示对一种意识范式的赞同。如果愿意的话，你可以把它视同一语言范式和交流范式"。① 这就表明，历史分期表达的是一种价值判断，赫勒并没有把她对历史意识的阶段性划分看成唯一不变的绝对真理，只是提出了一种她关于历史意识的阶段性理解。尽管她没有提到既有的各种历史分期模式，但完全可以肯定，她受到了西方思想史上的各种历史分期模式的影响。② 历史意识作为赫勒历史哲学理论的话语对象，不是在解释历史意识本身"是什么"的问题，

---

① ［匈］赫勒. 现代性理论［M］. 李瑞华，译. 北京：商务印书馆，2005：9.
② 历史分期不是中立的。犹太—基督教传统主要主张两种历史分期的模式，分别用的是有象征意义的数字：数字"4"指称四个季节，数字"6"代表生命的六个时期。前者是但以理在《旧约》中的模式，后者是奥古斯丁在《上帝之城》中提出的模式，他一方面参照了创世的六天，另一方面对应了人生的六个阶段：幼年、童年、青少年、青年、成年、老年。之后的其他历史分期模式都或隐或显地承继了上述两种模式。雅克·勒高夫指出："作为人类使命的历史分期，既是人为的又是暂时的。它随着历史的演变而演变。因此，它也具有双重作用：它可以更好地掌握过去的时间，但也可以强调历史作为人类知识工具的脆弱性。"［法］勒高夫. 我们必须给历史分期吗？［M］. 杨嘉彦，译. 上海：华东师范大学出版社，2018：16.

也不是在说历史意识的意识内容，而是把它看成可供人们谈论的话题，强调她所认识的时空中不同阶段、不同特性，或称为意识的形态。

第一阶段，未经反思的一般性：神话起源。第一阶段是人类历史的开端，历史的开端始于神话，神话使人类的起源合法化，神话是人类起源合法化的最古老形式。人之为人，不同于其他物种在于其跨越了人性本能的行动和行为方式，被规范规制。规范规制是人之为人的重要标志，它随人类的出生而定制，又进一步规范新出生的人类，并随人发生缓慢的改变，但具有相对持久稳定性，以至于几代人适用。在未经反思的一般性层次上，一般性是"论及的价值系统、习俗系统以及群体建制系统之起源在其谋划中包含着世界、宇宙本身的起源"①。未经反思的是"'人'与神话的氏族或部落是同一的"②。那么，赫勒所说的未经反思的一般性意味着，在人类最初形成的阶段，神话是人们不加否定得以确立的普遍性共识。神话就是确立人合法化地位的最初的规范制度，人们的行为和意识被神话规制，受神话控制，按神话原则活动。尽管无法判断神话是否是所有人类群体的开端，但赫勒认为在理论建构上，神话可以被视作历史意识的开端。

在这一阶段，人类不存在关于时间和空间的概念，时间可以无限回溯，时间没有变成概念化的时间，过去、当下和未来不加区分地被看成当下的"此时"。空间想象与时间想象一样，也没有明确的区分，"此地"是当下的"此地"。人类生发不出关于过去的历史意识，也生发不出关于未来的历史意识，只能看到当下的图景，很久以前和未来以后，都属于当下，当下就是此时此地。人类所看到的一切景观都是当下的，因而关于历

① ［匈］赫勒. 历史理论［M］. 李西祥，译. 哈尔滨：黑龙江大学出版社，2015：6.
② ［匈］赫勒. 历史理论［M］. 李西祥，译. 哈尔滨：黑龙江大学出版社，2015：6.

<50cf><50cf>*39*</50cf>

史性的终极问题，都隐含在神话中。神话尽管没有概念化地说明"我们来自哪里，我是什么，我们走向何处"这三个问题，但以其自身的原则和模式，隐含了是什么、原因、来源以及目的论的解释，回答了人类行为系统为何与如何产生以及如其所是的样子。

神话是一种世界秩序图景，对个体和集体而言，它不是规则和法则，比拟是其主要特点。比拟以讲故事的方式表征了理性规则和法则，是"规则"概念的雏形。神话不同于日常故事，不可随意修改、修正，不可随意歪曲，更不可以随意驳斥，是集体性意识。它其中充满了"教义"，通过警告、暗示、引导等方法，使人类在其框架内认识和行动，告诉人们应该做什么，不应该做什么，畏惧什么，期望什么，从而保证有序的社会结构，让人们在合乎情理的社会秩序中进行稳定的生产和再生产。神话在人类历史的第一个阶段，充当了必须遵守的规范规则，因此赫勒把神话看成人类这一时期的主要历史意识。神话包含了当时人们的世界观和宇宙观，具有有效的教义原则，使人类能够把其教义看成普遍的公约，并按其教义行事。所以在赫勒那里，神话使人跨越人性的门槛，从生物性的本能上升为具有类属特征的存在物，为开启人类世界，推动人类历史意识的发展奠定了历史基础。

第二阶段，在特殊中经过反思的一般性意识①：哲学。这一阶段，赫勒认为哲学具有优先性，哲学以概念的形式回答了历史性问题，哲学是这一阶段的主要历史意识。历史意识是变化的意识，历史意识在人类的书写和记录下逐渐产生，口头传承是不可信的，只有书写才能得以真正保留。

---

① 《历史理论》和《现代性理论》的中译本，对赫勒各阶段分类的标题的翻译存在差异，本书对各阶段标题的称谓参考了赫勒《历史理论》一书的原文版。

历史意识在犹太人和希腊人笔下，上升了一个层次，它不再是时间中单纯的意识，而是转化为特定的时间概念，使"历史"一词得以产生，形成关于"历史"的意识。历史意识不仅表达了历史中的意识，更大意义在于"历史"的观念，历史本身成为研究思考的对象。这一功绩可追溯到古希腊时期的希罗多德、修昔底德和波里比阿三位伟大的历史学家，他们促进了历史学科和历史编纂学的形成。

在未经反思的阶段，人们把神话视为必须遵守的传统习俗，不存在独立的阐释空间，个体不假思索地按照规定生产生活，统一在固定的模式中。到第二阶段，个体自我意识逐渐觉醒，学会对国家、集体、民族进行反思，尽管集体性共识仍被保留着，个体性却越来越凸显。个体的理性思维走向成熟，受逻各斯影响，重新开启认识世界的闸门，异质化成为第二阶段的主要格局。在第二阶段，关于"我们来自哪里，我们是什么，我们走向何处"三个问题，有了明确的见解，不再像第一阶段，来源以及目的论等解释隐藏在神话的故事中。神话没有消失，但地位被哲学取代，神话变成可供认识世界的一种选择，而不是必需的媒介，个体性力量促使人们对来源、本质、目的以及原因等问题产生分歧性意见，呈百家争鸣状态。

对于"我们来自哪里"，早期哲学家泰利斯把水看成万物的本原，赫拉克利特把火看成万物的本原，恩培多克勒提出四因说（火、土、气、水），柏拉图借助神话认识世界，亚里士多德则不用。对于"我们是什么"，哲学不再以具象的内容进行回答，而以抽象的方式探讨"是者"的本质属性。"我们走向何处"也从实际社会状况出发，把归处看成或者永恒的当下，或者无限循环的重复，或者进步的过程。与神话不同的是，赫勒指出哲学阶段，哲学对世界的解释不再像神话扑朔迷离、混沌一片，而是把目光转移到人类生存的世俗生活。个体间的争论以世俗性为着眼点展开讨论，讨论的结果是意见的融合与分歧的并存，不存在唯一的合法化观点。哲学家根据事实，以论证、证明和证实的方式回答历史性问题，实证性取代神话的故事叙事，走向历史舞台。这样，赫勒所说的一般性总被反思在特殊性中，也就可以理解为，在历史的第二阶段，神话作为一般性历史意识，被哲学反思，特殊性意味着个体性，个体性以抽象的方式回答了历史性问题。个体的多元化使历史性问题呈现为每一个具有特殊性的回答，个体性在这一阶段凸显，但个体对历史的认识有待深化。

第三阶段，未经反思的普遍性意识：普遍神话。随着前两个阶段历史意识的坍塌，普遍神话成为历史意识发展的第三阶段。普遍神话也即基督教神学，是继神话和哲学之后的又一历史意识。基督教在这一阶段具有普遍的影响力，成为一种普遍性的意识，而不是一般性意识，它通过征服灵魂而征服个体与国家，使每个人认为自我的救赎乃是人类的救赎，并以信仰的方式获得广泛拥护。它为历史性问题，即我们从哪里来、我们是什么、我们走向何处，提出了同一性答案。它认为人类存在，从开端到结束遵循上帝的旨意，人生来带着原罪，生活在救赎之前和救赎之后两个阶段，救赎之后的生活乃是真正的生活。历史之未来具有明确的目的性，不再是不确定的，是不可避免的结局，人只有通过救赎才能摆脱原罪的束缚，达到天国的幸福。

基督教不同于神话的一般性意识，不是哲学在一般中经过反思的特殊意识，而是未被反思的普遍性意识。基督教不是故事叙事，也不是概念推理，而是观念性的意识。观念并不意味着脱离现实，而对现实具有强烈的指涉性，上帝与人类之间相互关联，尽管上帝不是人类世俗世界的现实实体，但它存在于人的灵魂中。普遍神话成为人认识世界与现实的中介，为解决人类遭受的痛苦提供出路，为未来提供美好愿景。现实被观念引领，人的行为方式被观念主宰，现实的时间与空间也变成观念的时间和空间。人类的时间空间感也更加强烈，并开始被分化出过去、现在和未来的观念，并对未来抱有期待。人在现实的时间中也是在观念的时间中，在现实的空间中也是在观念的空间中。人越是在现实的时间空间中，越能了解现实，就越能赋予观念性时间和空间以新的阐释。赫勒指出，现实被观念化，也就促进了历史哲学的产生，现实的观念化是历史哲学形成的萌芽状态。

第四阶段，在一般性中经过反思的特殊性意识：历史本身的意识。①这一阶段是神话、哲学和普遍神话发展的结果，神话、哲学和普遍神话转化为历史，变成过去、前历史。前历史是关于历史的意识，为历史意识的选择提供多种可能，这阶段的历史意识延续了前历史意识，形成人类关于"世界历史"的观念。历史从上一阶段的观念中分离出来，不再被视为救赎的历史。人类对世界的认识，不是来源于叙事的神话，不是来源于同一本质，如水、火等形式，也不是来源于上帝的创造。"只有人类理性或人类感觉的自明性可以是知识的本源。"② 这也就是说，理性或感觉成为人类认识世界历史的实体。神话、同一本质或普遍神话在它们的时空存在，却不在当下存在。它们的存在是历史性的存在，它们的存在正是因为当下

---

① 该标题与赫勒正文中第 16 页第四阶段的标题不符，本书依照的是赫勒《历史理论》中译本，第 3 页。正文中的标题，为《第四阶段：在特殊性中经过反思的一般性之意识》，与赫勒对历史意识第二阶段的概括相同，与该书第 3 页对第四阶段的描述不同。本人与译者有相同的看法，正文中作者对该标题的概括实为笔误。

② ［匈］赫勒. 历史理论［M］. 李西祥，译. 哈尔滨：黑龙江大学出版社，2015：19.

对过去的保留得以存在。它们活在人们的想象中，与人类一起存活。当下是理性和感性的圣地，理性和感性为人类认识世界提供可能，人类运用理性或感觉使"文化产品"与"自然产品"相分离。

这一时期，人把"自然"看成文化建构的焦点，认为自然除了自在的存在外，还是"人化"的自然。人化自然是人的创造物，人类是永恒存在的，但人类自然依据理性和自由倾向呈变化、动态的过程。人生而自由且富有理性，是脱离基督教观念控制下的产物，赫勒指出，自由和理性成为这一时期的历史意识。但这一时期的自由不同于神话或亚里士多德所强调的道德自由，在一些人看来，恶（个人主义、虚荣、犯罪）也是一种自由。为了使人与人、人与社会、人与自然之间达成平衡发展，社会契约得以出现。社会契约让人认识到人与人之间的相互制衡，人与自然之间的相互限制，人只有让渡一部分权利才能确保生活的稳定和谐。

关于"我们从哪里来"，赫勒指出，历史编纂学以它们自身的特殊性予以反思。关于"我们是什么，我们走向何处"，公民是人的本质，伦理学、哲学和艺术都对此进行了回答。尤其是艺术，这一阶段艺术比哲学更清晰地回答了这一问题。艺术可以创造多种情形，对善恶、极端或非极端行为比哲学更能充分地表达。在艺术的范围内，社会生活与政治生活同一，社会与国家分离，个人变成主体，成为自己命运的主宰者。艺术一方面反映了现实，一方面为现实提供多种想象的空间。艺术基于当下，把神话和历史当成创作的媒介，通过媒介把握当下。当下是关注的焦点，过去和未来都是当下的过去和未来，当下为人类探索世界提供了必要的机会。

第五阶段，经过反思的普遍性意识：世界—历史之意识。世界—历史

意识是一种"大写的历史"、普遍历史、世界历史。"大写的历史"①，是
以大写字母 H 开头的历史，具有宏大叙事的特点，即全人类的世界历史。
作为全人类的世界—历史意识，以最大的尺度衡量了最微小的私人事件，
它不是神话，也不是宗教，首先是历史哲学。需要说明的是，在前四个阶
段中，赫勒对历史意识的阐释并未提到历史哲学一词，这一阶段，"历史
哲学"在赫勒理论体系中得以出现。"历史哲学"作为一门哲学学科，一
般而言起源于 1756 年伏尔泰的《风俗论》。从赫勒《历史理论》文本来
看，赫勒在历史意识的第四阶段提及维柯时并没有使用"历史哲学"概
念，由此，可以简单推断，这一阶段她所强调的历史哲学，更大意义上是
黑格尔的历史哲学。黑格尔在《世界史讲演录》中把历史分为三种类型，
其中第三种为"哲学的世界史"，那么赫勒的世界—历史意识，虽然没有
提及黑格尔，但很可能指的就是黑格尔的"哲学世界史"。赫勒这里所说
的历史哲学并非单指黑格尔的历史哲学，但她强调的世界—历史之意识与
黑格尔、马克思直接相关。

　　赫勒强调，在世界—历史之意识中，人变成了历史的主体，人与自然
将去神秘化，人可以秉承上一阶段的理性天赋，以知识为权力，创造和改
变自然。但这个人不是单个的人，人是普遍的，不是个人。那些对历史起
加速或减缓作用的人，只能是偶然的个人，不具有普遍性。但这个人在政
治、艺术或哲学中，或被称为天才，或被称为伟人，备受尊敬。在赫勒看
来，拿破仑、拜伦、雪莱、马克思、黑格尔等是这个时代的杰出代表。
"我们来自哪里，我们是什么，我们走向何处"将在历史的过去、当下和

---

① 关于"大写的历史"的含义，本书将在第三章进行详细阐释。

未来中进行解释。过去、当下和未来,只有到了这个阶段,才真正得到详细的理性讨论。

过去的习惯和价值被贬低,当下被科学知识所把握,未来被看成人类的未来。未来不是救赎世界,不是世界末日,也不是完美的永恒过程。未来可以是基督教观念中的弥赛亚理念,可以是经济关系的推动结果,还可以由理性、法律等铸造成型。未来不只是人类的美好愿景,具有现实必然性。但未来之实现,只有通过当下才能形成各种世界图景,当下是保证未来得以确立的现实基础。当下证明未来,因此当下也必须被反思、理解和描述,只有把当下处理得当,未来才成之为未来。反思批判当下是服务于未来的对象,因此,当下对于未来而言,是相对化的存在。当下在历史哲学看来,是未来的过渡形式,当下是未来的暂时状态,当下必然被未来取代,未来之光才会普照全人类。

第六阶段,经过反思的一般性意识:历史意识的困惑。这一阶段,发生了两次世界大战,"一战"和"二战"带来的创伤,使人们对世界—历史意识产生怀疑。世界—历史意识先于战争,但并没有避免战争灾难的到来,从经验事实出发,这就使"实证的"历史哲学被视为破坏性的。人基于日常生活发现,历史并没有按照历史哲学既有的轨道行驶,由此产生了历史意识困惑。"全部一致性的历史哲学都坍塌了,相互之间的对比并不能(也没有)对我们有任何补益。"① 这一时期,历史哲学所建构的历史大厦土崩瓦解,历史哲学不能解释历史上发生的虚假、欺骗、伤害等事实,因此无法让人信任其合法性。科学一度被视为摧毁强权统治的工具,

---

① [匈] 赫勒. 历史理论 [M]. 李西祥,译. 哈尔滨:黑龙江大学出版社,2015:30.

如今已逐渐变成了强权手段。"二战"后，政治民主得到解放，它制定的规则使人不加反思地，在控制下保持其功能。那种认为人是生而自由平等的理论，在面对奥斯维辛集中营、广岛和长崎原子弹爆炸时，显得苍白无力。这一时期是历史意识困惑的时期，这种困惑是对世界—历史意识的怀疑和批判，旧有的世界价值观被摧毁，新的世界观尚未建立，人处于迷惑阶段。正如韦伯预言，理性化阻碍了理性。

在历史意识困惑时期，赫勒提供出历史哲学的替代性方案，并以三个概念加以概括，分别是"研究机构事实性""大饭店深渊""恶之激进化的心理避难所"。"研究机构事实性"是一种实用主义，它不研究价值、偶然性、人类学，而是把自由与现存的制度等同起来，把社会问题看成偶然性的功能失调，把科幻小说和庸俗的乐观主义视作可能的未来。"大饭店深渊"致力于否定总体性，在它看来，不存在整齐划一的总体，总体性不能解释万物的多元化，解构理所当然。人变成了单向度的人，个体意识走向商品拜物教，完全受物质挟制。"恶之激进化的心理避难所"即"精神病院"，在赫勒看来，这种现象表现为一种消极的适应状态，社会对人造成各种碾压，人就像病人一样寄生在这个社会。比如，社会把我们变成边缘化的人群，我们就边缘化地活着。工具理性的背后是价值理性的缺失，人就放弃了理性思考，沉浸在神秘的宗教中。其后果就是一些人因为无法摆脱罪恶感而自我了结生命，或者因不被重视而把自己看得一文不值。

关于历史性的三个问题，"我们来自哪里"，赫勒认为，随着宇宙行星的发现，人类的前历史都成为解释的力量。"我们是什么"，成为一个悬而未决的问题，人类自身也无法确定它造成的非常复杂且不稳定的生活状态。人只是"自在地"存在，而不能"自为地"存在。"我们走向何处"的目光，从世界—历史意识的绝对未来转移到绝对的当下，但当下的人是无能的实体，当下的政治、制度、运动也为无能的实体。人只有承担起星球人的责任，运用伦理学的维度，使理论与实践达成妥协，才能走出当下的困境。从赫勒的论述来看，历史意识发展到第六阶段，也即我们今天所处的社会，第六阶段就是我们时代的当下，未来何去何从，只有从当下出发才能得以瞻望。

三、历史意识的特点

在东欧新马克思主义的诸多派别中，赫勒属于布达佩斯学派，该学派的奠基者就是西方马克思主义的"鼻祖"卢卡奇。赫勒作为卢卡奇的学生，受到卢卡奇的影响极大，我们在认识和分析她的历史意识思想时，自然会联想到卢卡奇的《历史与阶级意识》一书。该书作为中介，有助于我们把握赫勒历史意识思想和马克思历史唯物主义的关系。

马克思的历史唯物主义是对主体和现实之间实践的能动关系的把握，是对实践活动及其产物的唯物主义认识，其中贯穿的历史意识有三个方面的内容和特点：第一，"全部人类历史的第一个前提无疑是有生命的个人的存在"①，这里的"个人"是社会关系中的存在物，也就是加入物质生产和交往中，并作为这些关系的承担者形成各种社会关系，个人的发展受到与他直接或间接交往的所有其他个人的发展的制约。从这一认识出发，历史意识就并非个人的历史意识，而是个人所处的社会关系的历史意识。

---

① ［德］马克思，恩格斯．德意志意识形态（节选本）［M］．中央编译局，译．北京：人民出版社，2003：11.

第二，个人的思想、观念和意识与社会的"现实的生活过程"交织在一起，从其产生的过程来看，意识原本就是实践的意识，"生活决定意识"这一命题所表明的，就是人的存在要从他们的现实的生活过程来认识。从这一认识出发，历史意识就并非纯粹观念、思想的历史意识，而是由现实的社会生活所决定的历史意识。第三，物质生活的生产发生的场所，亦即商业和工业、生产和交往的舞台是市民社会。在《德意志意识形态》中，市民社会被视作全部历史的熔炉或者基础，生产力在市民社会这一熔炉中支撑和制约着交往，这也就是说，马克思恩格斯是从历史的驱动力意义上来理解生产力的。由此，马克思所谈的历史意识就不是一般性的对于社会生产和生活的历史意识，而首先是对于市民社会的历史意识。从根本上说，马克思在强调人们自己创造自己历史的同时，明确提出人们并不是随心所欲地创造，而是在直接碰到的、既定的、从过去承继下来的条件下创造的。正是基于对历史意识内容和特点的上述认识，马克思后来提出了关于社会历史发展的"三形态"和"五形态"论。

在其《历史与阶级意识》一书中，卢卡奇继承和发展了马克思的历史唯物主义，他的这一继承和发展是从重述近代理性主义来入手的。近代理性主义认为世界不能独立于主体而存在，人类认识形成一个类似数学体系的总体系，这就带来了一个困难和矛盾：无法兼容或容纳非理性的东西。康德保留了"自在之物"，黑格尔宣称历史过程只能作为一个具体的总体去把握，以满足理性主义对总体性的要求。然而，黑格尔没能真正认识和把握历史过程的主体问题。卢卡奇认为，马克思主义辩证法足以纠正黑格尔的缺点，因为它在无产阶级中发现了历史主客体的统一。卢卡奇详细阐述了阶级意识概念，强调无产阶级的阶级意识是历史意识中的进步力量。

他把阶级意识阐释为一种"客观可能性"① 的范畴，在强调生产过程中的地位对于阶级的决定性的前提下，认为阶级意识是一种理性的恰当反应，与此同时，他又把阶级意识作为一种"理想型"的概念，用来阐释无产阶级革命的前景和可能性。这样，无产阶级意识作为历史辩证法的内在结果既体现了历史必然性，又克服了对历史必然性的机械理解。

在阐释历史意识时，赫勒延续了卢卡奇对近代理性主义的批判，并把人类历史意识的发展划分为六个阶段，这是卢卡奇所不曾做的理论工作。相比较而言，卢卡奇主要是阐释了赫勒所说的第四个和第五个阶段，分析了从第四个阶段向第五个阶段的进化，赫勒则审视了第五个阶段出现的问题，展望了第六个阶段。从历史意识的特性而言，卢卡奇从阶级意识的维度来看待历史意识，无产阶级意识被视作历史意识的总体表现，而赫勒是从人类总体的视角来阐释历史意识的，更多的是一种"类意识"。就此而言，我们不妨说，赫勒的思考方式从马克思恩格斯《德意志意识形态》返回到了马克思《1844 年经济学哲学手稿》，这种返回并非一种简单的倒退，而是赫勒自己思想认识深化的一种必要，但与此同时，也引发了她对马克思的误解和批评。

在赫勒看来，马克思《1844 年经济学哲学手稿》中人的"类本质"即自由自觉地活动，是马克思破解历史之谜的始因，也是马克思历史唯物主义的出发点。在《德意志意识形态》中，马克思把生产力视为人类社会发展的"中介"，在人类自由的发展历程中充当着独立变量的角色。在充分肯定马克思历史唯物主义理论意义的基础上，赫勒认为马克思的生产力

---

① ［匈］卢卡奇. 历史与阶级意识［M］. 杜章智，等译. 北京：商务印书馆，1999：143.

概念本质上是理性的，马克思所追寻的人的绝对自由也是绝对理性的，生产力的不断积累和发展拓展了人对自然的控制和支配，推动了历史阶段的不断前进，这一观点在马克思生活的年代具有合理性，但从 20 世纪以来的社会发展来看，不断前进的论断和期待遇到了重创。赫勒把马克思历史哲学称作宏大叙事，实质上就是认为其中包含了太强的生产力决定论因素，这是马克思历史哲学的特点，也是它的缺憾。

从赫勒对于历史哲学和历史理论的区别入手，我们可以回应她对历史唯物主义的误解和批评。赫勒所说的历史哲学强调历史必然性，历史理论注重历史的偶然性，这也就是说，历史哲学忽视了人类社会历史生活感性经验的丰富性和复杂性。按照这一区别，我们会倾向于认为历史唯物主义与其说是一种历史哲学，不如说是一种历史理论，比如，《共产党宣言》中关于"一切坚固的东西都烟消云散了"的论断，明确注意到现代社会生活的变幻性和多元性。历史唯物主义并不包含人类社会历史演进的详尽知识，但也没有归于理性的逻辑认识，它是人类生活的感性经验与理性认识的高度结合。沃尔什在界定思辨和分析的历史哲学时指出，就马克思试图表明历史的未来是由无产阶级创造的共产主义而言，历史唯物主义接近于通常所说的历史哲学；就马克思试图为历史提供因果解释、寻找历史前进的动力时，接近于历史理论。[①] 在类似的意义上，英国马克思主义历史学家里格比也认为，与其把马克思历史唯物主义视为历史哲学，不如看成历史理论，哲学好比现成的答案工具，理论却使我们能够提出问题和假设。[②]

---

① ［英］W. H. 沃尔什. 历史哲学导论［M］. 何兆武，等译. 北京：北京大学出版社，2008：18.

② ［英］S. H. 里格比. 马克思主义与历史学———一种批判性的研究［M］. 吴英，译. 南京：译林出版社，2015：356.

人作为历史性的存在，始终面临这样的三个问题：我们来自哪里，我们是什么，我们走向何处。同样，任何一种思想也都是历史性的存在，要全面准确地把握赫勒的历史意识思想，就要将它置于当下的社会境况中，置于历史唯物主义框架内进行辨析。像赫勒所说，我们始终处于"绝对的当下"，那么，历史唯物主义就是这种"绝对的当下"应有之义，赫勒的历史意识思想必须在这个视域中来认识和把握。就此而言，她对马克思的误解和批评当有助于我们更为清醒地体认马克思思想在当代的意义。

第二节　当下、过去和未来

在历史意识的六阶段中，赫勒集中探讨了历史意识对历史性永恒问题的回答。随着"历史"观念的出现，时间不再含混不清，而是被过去、当下和未来分割，历史意识的每一阶段都是对该问题的关注。"我们来自哪里"谈论的就是对过去的追根溯源，"我们是什么"可以视为对当下人与人类社会的反思，"我们走向何处"也即人对未来的憧憬。因此，历史性包含的"我们来自哪里，我们是什么，我们走向何处"三个问题，可以用过去、当下和未来三个名词进行表征。过去、当下和未来使时间空间区隔，但在赫勒看来，过去、当下和未来又始终以当下为轴心，作为一个整体得以存在。任何一个阶段，都是基于当下对过去、现在和未来的再思考。当下就像克罗齐所强调的"一切历史都是当代史"一样，既是与过去和未来相区别的存在，又是与过去和未来相包容的存在。

历史意识的前四个阶段以神话、哲学等方式解释了过去、当下和未来，但没有探讨过去、当下与未来之间的关系。历史意识发展到第五阶段，历史哲学开始对此有了更深一层次的认识，分析了历史发展的基本脉络，把当下看成过渡期，认为未来才是人类真正的社会，忽视了当下的重要性。但事实上，当下才是必须面对的实体。因此，赫勒在历史性的第二部分，以当下、过去和未来为标题，表达了主要探讨的内容。表面上看，当下、过去和未来是一个并列结构，但仔细推敲不难发现，赫勒把当下放在首要位置，过去和未来以从属性地位排列其后。这就说明当下是历史性的聚焦点，过去和未来作为当下的一部分得以出场。当下与过去、未来比对，既是相对性的，又是绝对性的。当下既是当下的过去和未来，又是过去和未来的当下，从能指的角度看，当下与过去和未来对立，从所指的角度看，当下与过去和未来聚合。在赫勒看来，当下是个复杂的概念，可以分为历史性的当下和历史的当下，历史性与历史仅一字之差，却饱含着不同的意义。

一、历史性的当下：过去和未来

历史性的当下包含"刚刚、现在和正在"，为了更好地理解可参考英文的"just now, now, being now"三个词汇。历史性的当下英文为"the present of historicity"，那么"just now, now, being now"又可以直译为作为"刚才"的"现在"，作为"现在"的"现在"和作为"将在"的"现在"，共同指向当下。"刚才"的"现在"是指刚刚发生的事情，"现在"的"现在"指正在发生的事情，"将在"的"现在"指称将要发生的事情，简而化之，就是译者所说的"刚刚、现在和正在"。赫勒在注释中指出，她的这几个术语来源于海德格尔，由于语言上的困难，很难解释清楚。由于中英语言的差异，我们对原文的把握也存在无法回避的鸿沟，无论是直译还是意译都存在各种欠缺。一般来说，意译有助于目标语读者的理解，但往往造成与原文的疏离，直译能够更多地保留源语言的意思和结构，但其特有的"陌生化"却给读者的理解带来很多困难。我们在研究赫勒的著作时，也常常遇到类似的问题。语言问题是理解赫勒历史性的当下概念的一个障碍，但通过赫勒对"刚刚、现在和正在"的具体阐释，大体可以化解"历史性的当下"的迷雾。

赫勒对"刚刚"的解释包含四层含义：第一，"刚刚"在时间上，它可以是一分钟或几小时，但不会持续更长的时间。第二，"刚刚"指明了人的行为，任何包含"刚刚"的生命体验，包括感觉、梦想或命题等，意味着它践行了人们"刚刚"的行动。第三，"刚刚"是个接口，它不仅仅表达了一种行动，而且还是多个行动的接口，一方面指向过去，一方面指向未来。"刚刚"是个集合体，赫勒举例说，"刚刚"可以指我坐在火车上，我在想着你，也可以指我坐在火车上，我不再想着你。

但"刚刚"不可逆转地要面向未来，这个未来也就是赫勒所说的"现在"，作为"刚才"的"现在"在一分钟或几小时内，很快变成作为"现在"的"现在"。每一个"刚刚"的行动必然是过去的存在，也必然会过去。"每一个具有'刚刚'特征的行动都将变成过去的；它们必须过去。"① 这句话中，前一个过去以名词词性（past）含义出现，后一个过去以动词词性（pass）出现，这就是说，"刚刚"是指过去发生的事情，任何事情都会过去，转为未来。由此，"刚刚"的第四层含义，与"刚刚"

---

① ［匈］赫勒. 历史理论［M］. 李西祥，译. 哈尔滨：黑龙江大学出版社，2015：39.

相联系的过去和未来，只是时间上的过渡，不是生命的变化。我不会因为刚刚的行为发生质的变化，即使发生变化也是时间意义上的变化，不受行动、观念等对象的影响。没有"刚刚"，等于没有"现在"。

"现在"包含"边界""被超越"和"自我矛盾"三个方面。第一，作为边界，"现在"把已经发生的和尚未发生的划分为两个领域，把回忆的对象和目的对象划分为两个领域，把已知和未知事物划分为两个领域。已经发生的、回忆的对象和已知事物可以视为"过去的时间"，尚未发生的、目的对象和未知事物可以视为"将要来的时间"。"现在"就是"过去的时间"和"将要来的时间"之间的一条临界线，它不是过去也不是未来，只是把过去和未来分割开的界线。这就引申出第二个方面，即"被超越性"。因为"现在"是个临界线，停留只是相对暂时的过程，"现在"总是要被过去的时间和将要来的时间超越。"现在"通过策划、决定把未知的变成已知，也可以通过回忆把已经发生的带到当下。赫勒指出，我可以把过去变成未来，因为我是把自己对经验的沉思送进未来，我还可以把未来变成过去，因为我关于未来的决定已经存在过去中了。第三，"现在"的自我矛盾性。由于"现在"是个边界，随时都能被超越，我们拥有"现在"，也就意味着不再拥有"现在"，"现在"总会变成过去或未来。同样，由于我们是"现在"的，它的矛盾性还体现在我们不是未来的，也不是过去的，未来不可知，过去不可改变，但从精神分析学的角度来看，我们却无意识地构建了过去和未来。过去是已经发生过的事件，现在不能改变已经发生的事实，但在赫勒看来，人们可以通过话语重建过去，以选择性阐释改变过去。未来也是如此，人们不知道自己的命运，但可以通过知识排除未来可能发生的情况，从而控制未来。"现在"的矛盾性，使过去和未来关联，从而促进"正在"的出现。

"正在"即作为"将在"的"现在"，赫勒认为，我们的当下总是"正在"，"正在"把人封闭在有限的可能性中，使人的生命在一定尺度内活动。"正在"是现在的将来时，它是"现在"的拓展，这种拓展不是无限性的放大，而是在可能的范围内的延伸。"正在"让人从过去、现在走向未来，这一过程就是从开始到结束的过程。开始不同于结束，开始与结束相区别，这种区别可称为个性。"刚刚""现在""正在"的每一个阶段，展现的都是个性。赫勒对"正在"的阐释比较晦涩，要想深入把握有一定难度，简言之，赫勒想说明的是，"刚刚""现在"和"正在"是当下的三个相连的环节，但三者又是独立的个体，每个环节有每个环节的独立性。每个环节内部又包含着"刚刚""现在"和"正在"三个小环节，环环相扣，构成历史性的当下。

历史性的当下其个性表现为，过去、现在与未来是可以相互转换的，但过去是过去、现在是现在，未来是未来，三者又相互区别。赫勒认为，人是社会化的人，人始终处于社会的流动中、历史的流动中，人不会僵化静止，而是从一种状态转化为另一种状态。人变成历史，其他人能够通过语言、习俗、规范掌握几百万年的过去，人经过学习过去的文化，就等于占有了过去，占有了历史本身，预设了未来。过去、现在和未来就是历史性的"刚刚""现在"和"正在"，按照赫勒的意思，我们所处的当下包含着上一秒的行动、这一秒的状态以及下一秒的可能，上一秒要过渡到这一秒，这一秒也要过渡到下一秒，其中蕴含着内在的不可逆性，但在每一秒的转换中，上一秒不同于这一秒，这一秒又不同于下一秒。上一秒是刚刚发生的事情，这一秒是"现在"，下一秒是"正在"。"刚刚""现在"

和"正在",三者以历时性的过程,相承相接,但和而不同。

从这一点来说,赫勒的历史性的当下是个相对性的概念,或者说既是又不是,既在又非在,既有又非有。赫勒强调"我们是社会的产物,但是我们同时又不是社会的产物"①,目的在于从人与社会区别看人与社会的内在联系。作用于历史性的当下,在赫勒看来,历史性当下置于历史内部,但历史性的当下又不同于历史,它相对于历史的其他环节,只是其中的一个环节,且历史性的当下的内部又包含着不同的环节。历史性的当下是相对性的当下,是过去的产物,也是必将导向未来,但相对于过去和未来而言,当下就是当下,当下又是过去和未来。

二、历史的当下:过去和未来

赫勒把"刚刚""现在"和"正在"看成一个相对的流动过程,在历史的当下中,"刚刚""现在"和"正在"是一起的,共同的。共同性是为彼此并针对彼此的存在,它是一个范围,可以让不同代际群体在一起,也可以让互不相识的人在一起,还可以让相互冲突或相互帮助的人在一起。共同性没有过去也没有未来,是绝对的当下。绝对的当下(现在)意味着现在与过去和未来没有关系,现在在一起的人,过去是不在一起的,将来也不能在一起,现在就是现在,绝对的现在。那么,历史的当下也即绝对的现在,正如赫勒所说,"一切历史的当下都是断裂的"②。当下的断裂是历史自身连续性的断裂,过去、现在和未来不再流转,也无法看成历时性的过程,或可称为一个文化结构。在文化结构内部,历史的当下对过

---

① [匈]赫勒. 历史理论 [M]. 李西祥,译. 哈尔滨:黑龙江大学出版社,2015:43.
② [匈]赫勒. 历史理论 [M]. 李西祥,译. 哈尔滨:黑龙江大学出版社,2015:44.

去和未来持拥有的态势，但与过去和未来而非转化关系。过去和未来都是当下的，也就是说，人们看待过去和未来的目光都是基于当下对过去和未来的审视。昨天是当下的过去，明天是当下的未来，当下与过去和未来分离，占据绝对地位。

　　赫勒的这一思想，与早期克罗齐对"当下"的认识有异曲同工之处。克罗齐认为，无论何段时间内的历史，50 年、10 年或一天，甚至几小时前的发生的事情，都习惯地称为"当代史"，因为"当代"说明某段时间的某种历史意识。"非当代史"或"过去史"的历史，若非空洞的纪实，一定也是当代的。① 比如伯罗奔尼撒战争、希腊文明、柏拉图哲学或墨西哥艺术，当没被引起注意时，它们就是一堆材料，而不是历史，当把它们视为历史时，它们一定与"我"的需要有关，而我的需要必将把我当下的思考带入其中。我以我的需要、我的关怀与之发生联系，希腊文明或柏拉图尽管是过去的，但与我同在。这好比我要谈生意、正在培养爱情和正面临各种危机，都是同时代的。在这种情况下，希腊生活在时间上是前发生的，在结果上却向我呈现，它对我的吸引、激励和折磨如同我当下要处理的事情，面对的对手或心爱的人一样，都是当下的产物。因此，克罗齐的"当代史"可以说对赫勒"历史的当下"产生重要影响，赫勒把历史的当下看成一个结构，结构就是绝对的当下对过去和未来的拥有。

　　为了进一步说明历史的当下，赫勒又把它与当下的历史和当下的时代相区分，加以阐释。赫勒认为，历史的当下、当下的历史和历史的当下时代也包含了过去的历史、历史的过去和过去历史的当下时代；未来的历

---

① ［意］克罗齐. 历史学的理论和历史［M］. 田时纲，译. 北京：中国人民大学出版社，2012：3.

史、历史的未来和未来的当下时代。从过去的历史出发，有利于理解历史的当下。赫勒认为，过去的历史是一种不能被选择的结果，这些结果是指过去发生的一系列事件与今没有实用或实践的关系。历史的过去是我们今天已经超越的旧的文化结构，而过去历史的当下时代，寓意了过去—当下的价值观，它可以激励我们，也可以为我们的前进增加阻力。

由此，当下的历史包含了对其结果的选择、改变和创造，也包含了可能威胁或激励我们的事情，或既是实用性的事件，也在实践上有联系。历史的当下和历史的过去一样，是把我们内置其中的文化结构。当下的时代是信仰体系和价值观的总和，引导我们以何种态度看待世界，把自己的行动作用于世界。三种当下在时间和空间上是不同类型的，可以说当下的历史和历史的当下是两回事，当下的历史是共同的，而历史的当下是不同的。比如说宗教，在中世纪时期可以是"当下"的，在启蒙时期也是"当下"的，在现今阶段也是"当下"的，但"当下"与"当下"是不同的当下。宗教在中世纪、启蒙和现今阶段不同时期可被看成历史的当下，但现今阶段的宗教却是当下的历史。

诚然，赫勒指出，我们生活在三种当下中，但并不是说适用于所有人，而是说大多数或多或少地都生活在三种当下之中。三种当下，三种视角，这就为我们如何重构过去和未来提供至少三种方式。历史的当下为确立自身的合法化，总离不开意识形态的引导，20世纪指控启蒙与启蒙指责宗教对人心灵的残害具有同样的路数，都以理性的最优选择为由为历史的当下辩护，历史的当下有意或无意识地受意识形态的普遍化影响。去意识形态的历史意识是历史的当下的责任，历史的当下要关注历史当下的当下时代，即作为价值观、信仰和规范的总和。

历史的当下在赫勒看来，就是要注重"现世的责任"。"现世的责任"是对历史当下一般性历史意识的反思，我们是社会的产物，同时也是社会地生产自己，但我们的实践行动往往缺少对现世的责任意识。现世的责任属于历史当下，也属于历史的当下的当下时代，它影响人们对历史的过去和过去的历史，历史的未来和未来的历史的建构。关于"现世的责任"，赫勒指出，目前"激进的解释学"承担起这一任务，但"激进的解释学"又存在某种简单化的程序。"激进的解释学"对历史只能进行一般性的解释，属于日常意识层面，无法达到科学化的程度。激进解释学以对话的形式作为现世的责任，成为过去和未来的中介。但它在和过去的对话过程中，不是为了揭示前历史的规律、价值、意义或含义等相关内容，而是为了寻找与现世的共同点。这就会导致历史的当下只能看到与过去的相同之处，而忽视了前历史的内在特性。赫勒指出："每一个历史时期将同等地接近于人类，并不意味着他们的每一个都对我们有同等的价值。"① 共同性的结果是，人对历史的理解缺少全面性认识，容易产生历史偏见，进而与过去历史异化。

这种偏见不仅影响历史的当下对过去的认识，也影响历史的当下对未来的预测。在这种情况下，未来以计量的方式，通过对行动后果的计算，被想象为一个乌托邦的意义世界。但赫勒引用韦伯的假设，认为最佳的计算常常会失败，责任是现世对现世的把握，而非通过寻找过去的共同性或计算未来换来存在感。现世的责任应该是与过去和未来对话交流中的历史的当下，过去是历史的当下的过去，未来是历史的当下的未来，过去和未

---

① ［匈］赫勒.历史理论［M］.李西祥,译.哈尔滨：黑龙江大学出版社,2015：50.

来被当下分享。历史性的当下应该全面地看待历史之过去，除了共同性还应看到差异，除了接纳还应有批判的态度，历史的当下关于未来，也应该意识到未来不会突然进入人类的生活世界，未来就是"此时此地"。如果我们把现世的责任投射到未来，我们不仅赋予现世生活的意义，我们还可以依据自身的义务去行动、施与爱作用于当下，同时未来也能以爱的认识理解现世。正如赫勒所说："似乎可爱的未来当下年代应该能够以认识性的爱理解我们。"① 这就是她所强调的历史当下，在对现世负责的基础上，过去和未来也都能以同样的方式对待它们的"刚刚""现在"和"正在"。

对现世负责是赫勒历史当下的理论旨趣，但赫勒指出，对于一些哲学家而言，他们并不在乎对世界本身的思考。比如罗素，罗素认为世界在五分钟之前被创造，五分钟之内就是末日的论断在逻辑上不是不可能的，即便逻辑上行得通，也是不可思议的。世界何时灭亡我们不可知，世界也许很快走向终结，但是世界也是值得思考的。因为不被思考的世界，它对当下是破坏性的，它将摧毁当下、过去和未来。过去因为当下得以存在，当下又保证了未来生命的延续，人类生命就是这样生生不息地代代流传。

三、过去和未来

《历史理论》第二章的标题是《当下、过去和未来》，但"当下"才是赫勒主要探讨的内容，过去和未来不过是"当下"的一部分。赫勒从历史意识的演化过渡到"当下"，可以说是基于当下现世社会在概念层面上的审视。这里并未涉及当下现世社会的实际情况，但"当下"却为其日后

---

① ［匈］赫勒. 历史理论［M］. 李西祥，译. 哈尔滨：黑龙江大学出版社，2015：52.

对现世的透视埋下伏笔。赫勒对"当下"的分析，目的在于强调"当下"的重要性，把当下视为过去和未来的中介，却极少地谈论"过去"和"未来"。斯特凡·约尔丹在其主编的《历史科学基本概念辞典》中，收录了两位学者对"过去"和"未来"的梳理，有助于我们深入理解赫勒的"当下"理论。

马尔库斯·弗尔克尔和卢西安·赫尔舍分别对"过去"和"未来"做了专门论述，他们不约而同地认为，"过去"和"未来"的概念在18世纪才出现。马尔库斯·弗尔克尔①指出，"过去"最初是一个德语词汇，被用于语言学的语法结构，作为时间阶段的过去时得以出现，更早的代替性词汇是"短暂的""非长久的"和"尘世的"。在黑格尔看来，"过去"是被当下取代的主观回忆。德罗伊森反对性地认为，"过去"具有多元化意义，是个斗争性概念。克尔凯郭尔认为，正是"过去"的斗争性，才使得未来在过去的矛盾中得以展望。赫勒虽然没有明确地提出什么是"过去"，或者说，并没有给"过去"下明确的定义，但与这些哲学家不同的是，赫勒对历史意识的阶段性划分更大意义上，可视为对"过去"的呈现。赫勒以大量的篇幅对历史意识的概括，就是对"过去"的认识，逻辑上说，赫勒正是从"过去"走入"当下"，进行"当下"的分析。这也是赫勒在此没有对"过去"进行过多论述的原因之一。此外，赫勒对"当下"重视的另一原因，与"未来"有很大关系。

卢西安·赫尔舍指出，人们使用"未来"指代即将到来的时间段，但"未来"在18世纪后才被采纳为未来时段的时间概念，之前"未来"或被

---

① ［德］斯特凡·约尔丹. 历史科学基本概念辞典 ［M］. 孟中捷，译. 北京：北京大学出版社，2012：266.

指为未来的事件，或被用于表达时空中的"到达"。① 尽管如此，"未来"在历史哲学、历史科学或一些哲学家眼中仍有不同的界定。布洛赫把"未来"分为事实性的未来事件和可能性未来事件。历史科学从多角度认为，未来是对过去预测的检验，是历史研究的兴趣，还是体现过去事件与发展的历史意义。历史哲学对未来的构思在于提出一种人类推进的运动，但它的学说在"一战"后遭到现实空间的质疑，从此"未来"的传统概念逐步解体。赫尔舍指出，尤其是在虚假的建筑和绘制的理论和实践中，历史性"未来"无法在现实性上接受社会、媒介的认同，"未来"在时间性超结构中的意义去深远化。赫勒在阐释历史意识第五阶段时，表达的就是这一思想，"未来"被现实打败，这应该就是赫勒把目光转向"当下"的另一原因。

因此，赫勒对"当下"进行了深入的剖析，把当下看成过去和未来的核心。她把标题定为当下、过去和未来，无非是从"当下"出发，探讨当下与过去和未来的关系，进而指出"当下"对过去和未来的意义。当下既是相对性的当下，又是绝对性的当下，相对性的当下是历史性的当下，绝对的当下是历史的当下，二者作为一个整体，在过去和未来的建构中具有重要的引导作用。

---

① ［德］斯特凡·约尔丹.历史科学基本概念辞典［M］.孟中捷，译.北京：北京大学出版社，2012：305.

第二章

作为知识的历史编纂学

赫勒的历史哲学充满了时代感，所谓时代感就是她所概括的历史性，一种包含过去、当下和未来的时空范畴。赫勒对当下的关注，超过对过去和未来的重视，但赫勒本人很清楚，当下是历史和历史性的当下，不能无视过去和未来，只强调当下。过去和未来是当下的构成部分，回顾过去和遥望未来都是当下的需要，为当下服务。历史编纂学和历史哲学恰巧就是赫勒对过去和未来的具体指示物。狭义地讲，历史就是关于过去的故事，历史编纂学的功能在于叙述过去，而历史哲学所探讨的历史总是试图预测未来，只有历史理论才是基于历史当下的反思。赫勒的历史哲学思想可以明确地概括为一种关于历史理论的学说，这里之所以沿用历史哲学术语，不使用历史理论一词，是因为赫勒自己曾表明，她所建构的历史理论是对历史哲学的扬弃，她的历史理论保留了历史哲学的习惯用语，并赋予了新的内涵。

历史编纂学、历史哲学和历史理论共同构成赫勒的历史哲学话语。如果说日常历史意识是历史编纂学和历史哲学的基础，那么历史编纂学再一次构成历史哲学的基础，历史哲学又进一步构成历史理论的基础。赫勒的历史哲学以层层递进的方式，推演了历史哲学的来龙去脉。历史性是赫勒历史哲学的概论部分，奠定了赫勒历史哲学的理论基调，即绝对的当下。历史编纂学是赫勒探讨历史哲学的前提，在赫勒看来，历史哲学只有与历史编纂学拉开距离，才能更好地透彻地认识自身。关于历史编纂学，赫勒阐释了历史编纂学的基本含义、具体规范及建构原则。

第一节　历史编纂学的含义

从黑格尔《历史哲学》两个中译本对"history"的翻译来看，王造时版翻译成"历史学"，刘立群版翻译成"历史编纂学"。另外，柯林伍德在其《历史的观念》导论中，详细介绍了"历史学"的性质、对象、方法和价值，但随后的行文中多次出现"历史编纂学"一词。所以泛泛地讲，在西方史学理论中，"历史编纂学"也即"历史学"。迈克尔·斯坦福曾把"历史编纂学"（Historiography）解释为"历史撰述"（the writing of history），包含三个方面：描绘性、历史性及分析性或批判性。"描绘性史学"是指就标准方法、标准程序加以描绘；"历史性史学"主要是研究自希罗多德以来的历史撰述方式；"分析性或批判性史学"则研究撰史时产生的观念问题及哲学问题，与分析的历史哲学或批判的历史哲学重叠。[①]赫勒"历史编纂学"可以说是从"描述性史学"出发，走向对"描述性史学"和"历史性史学"的反思。柯林伍德认为，历史哲学就是发现支配

---

① ［英］迈克尔·斯坦福. 历史研究导论［M］. 刘世安，译，北京：世界图书出版公司，2012：7.

各种事件过程的一般规律，而历史学的职责则是复述这些事件。赫勒的历史编纂学进一步发展了柯林伍德的历史学观点，在她看来，历史编纂学就是通过对过去信息的整合和描述形成的真实知识。

一、对信息的整合

历史编纂学，依其拉丁文 Historia 和英文 Historiography 的表述来看，即指"历史撰写"或"历史撰述"。对于何为历史编纂学，不同学者有不同的界定，特凡丹·约尔丹主编的《历史科学基本概念辞典》一书把历史编纂学解释为："历史科学的专业代表们以及其他具有相应资格者所发表的论文与专题论著，尤其是历时性或共时性方面铺展的历史呈现。"① 白云在其著述的《中国史学思想通论（历史编纂学思想卷)》一书中通过比较历史、历史学与历史编纂学指出："历史学是人们对客观历史的记录和撰述。而人们记录和撰述客观历史是讲究方法和理论的，这些方法和理论就构成了历史编纂学。"② 从约尔丹和白云的观点来看，历史编纂学是史学理论中的一个重要概念。

与二者不同的是，赫勒把历史编纂学置入历史哲学语境进行了独特解释。在赫勒看来，历史编纂学是对信息的整合。信息也可称作文献，文献就像黑格尔所言的"原始历史"，即一些人在他的时代，对自身经历过的事情，或自己亲眼看到，或自己亲耳听到的事情的记录。文献是此时此地的存在，但也只是一些零散的材料，如果不进行编辑，其存在的价值也将

---

① ［德］特凡丹·约尔丹. 历史科学基本概念辞典 ［M］. 孟种捷，译. 北京：北京大学出版社，2012：126.

② 白云. 中国史学思想通论 ［M］. 福州：福建人民出版社，2011：4.

无从显现。历史编纂学的工作就是把这些材料整合成有效的信息，为人类认识自我和他人服务。赫勒历史哲学的一个特点是，喜欢借助一些故事以隐喻的形式来说明理论，而不是生硬地阐明观点。赫勒对历史编纂学的阐述，就是从引入《格兰特船长的儿女》这部小说开始的。

《格兰特船长的儿女》由法国作家儒勒·凡尔纳撰写，儒勒·凡尔纳是现代的第一位科幻作家，与英国的威尔斯并称"科幻小说之父"。赫勒用凡尔纳创作的故事作比喻，可见赫勒的写作手法不拘泥于常规的历史叙事，具有后现代之风。对赫勒而言，故事也即历史，故事呈现的内容如同历史所要传达内容，可以促进事物的理解。《格兰特船长的儿女》的主要内容是：1864 年 7 月 26 日，苏格兰贵族格里那凡爵士，驾驶一只新船邓肯号，穿越北部海峡。在航行过程中，水手们捕捉到一条奇怪的鲨鱼，发现鲨鱼的肚子里有一只漂流瓶，好奇地打开，发现三份珍贵的文件。文件上的信息由于海水侵蚀已模糊不清，但仍然存有残留的字迹，有的是个别词语，有的是片段词语。大家根据这些零散的信息，组合得到一条重要信息，即一名叫格兰特的船长在两年前发出求救信号，他被困在南纬37°的某个地方，但关键的经度却是未知的。格里那凡爵士、一位地理学家和其他人利用《商船日报》，根据自身的经验知识，展开大范围搜寻。他们起初认为格兰特船长是在靠近巴塔哥尼亚海岸消失的，结果到达那里时并未找到格兰特船长。于是，他们又重新整合那些支离破碎的字词句，重新定位，经过几次探险，终于在一个荒无人烟的小岛上找到了格兰特船长，成功返回苏格兰。

赫勒依据这样一个故事，意在表明，历史编纂学犹如格里那凡爵士所做的工作。漂流瓶里的文件如果没有被发现，没有被解读，就只是一些没有意义的词句。格里那凡爵士等人通过对文件内容的不断重组，才使得那些片段的词句最终变成寻找格兰特船长的有效信息。历史编纂学亦是如此，面对的都是些散乱的文献，文献本身的价值固然重要，但若不被编排、处理也就毫无意义。历史编纂学的任务是把这些文献整合起来，形成可供人们传阅的历史信息。但历史编纂学不同于小说故事，小说预设了美好的结局，而邓肯号可以经过无数次的整合信息，最终确立唯一真理，找到格兰特船长。历史编纂学受时空不可逆袭的限制，对同一文献的编排、增补和整合，可以形成多种版本的信息，而每一种信息都不能被已经发生过的事实检验，信息由此也就具有了多元化的倾向，无法确立哪种更为真实或虚假。真实和虚假对历史而言，界限并没有严格的区分，不会因为对原始文献的篡改而遭到贬值，虚假的仍然可信。

从赫勒借用《格兰特船长的儿女》隐喻历史编纂学的含义可以发现，字里行间流露出后现代历史哲学的影子。约尔丹在呈现历史编纂学的含义时，在介绍历史编纂学的常规含义基础上，又提供了一种相反的观点。他指出历史编纂学的含义在 1857 年受到德罗伊森的攻击，随后又遭到海登·怀特和保罗·利科的质疑。在海登·怀特等人看来，历史撰述离不开语言叙事，语言由于具有修辞性，其真实性的程度与文学虚构并无二致。由此可见，赫勒把历史编纂学等同于信息整合，饱含了对海登·海特的认同。尽管赫勒不是从语言学的角度审视历史编纂学的，却与海登·怀特等人一样，看到历史编纂学整合的信息具有不真实或虚假性的一面。但与海登·海特的后现代历史哲学仍存有不同，赫勒没有完全彻底否定历史编纂的真实性，而是从一种或然性角度认识了历史编纂学，这就是强调历史编纂学把零散的材料整合出的信息可能为真，也可能为假，但整合信息的过程本身是一项艰辛的任务。

二、对过去的描述

赫勒受黑格尔、克罗齐和柯林伍德的启发，用后现代理论重构了他们所谓历史编纂学总是涉及当下的观点，强调历史编纂学是对过去的描述。由于历史编纂学的任务是重组支零破碎的文献，以形成有效的信息，其中隐含着这样一个问题，文献是此时此地的存在，但文献里所涉及的内容，却是关于过去发生的事情的记载。那么，历史编纂学的重心是当下还是过去，引发了赫勒对黑格尔、克罗齐和柯林伍德的改造。黑格尔、克罗齐和柯林伍德的一致性，体现为克罗齐一句著名的论断："一切真历史都是当代史。"① 尽管三者之间存在细微的差别，但就这一个界定而言，三者可以说达成共识。在他们的体系中，历史编纂学作为一种实用性知识，整编的材料展现了当下的需要。如果不是出于当下的兴趣，文献就只是僵死的堆砌，不会凸显自身的价值和意义。由于过去总是与当下相联系的，因此，历史编纂学不适用于过去而符合当下的情境。赫勒没有否认他们的观点，但明确划分了历史编纂学的过去、当下和未来。

赫勒与黑格尔、克罗齐和柯林伍德的区别在于处理的内容和方式方法的差异。赫勒认为历史编纂学总是涉及过去的，并声称历史编纂学面对的内容本身的过去性。文献记录着过去发生的事实，历史编纂学对文献的整合因而不再是某种当下的东西。例如"二战"期间，没有人能够写关于前一天发生的战争的历史书籍，所有的记载不过是一些报告或个人日记。历

---

① ［意］贝奈戴托·克罗齐. 历史学的理论和历史［M］. 田时纲，译. 北京：中国社会科学出版社，2005：6.

史编纂学的主题，就是从这些报告或日记中择取需要的内容，组合成历史故事。内容本身构成过去事实，与当下没任何关系，因为当下的编纂早已远离硝烟的战场。邓肯号发现漂流瓶中的信息，信息是关于格兰特船长遇难时的记载，如果漂流瓶中没有这些片段的文字，如果漂流瓶不被发现，邓肯号也就不会实施搜救。邓肯号暗指历史编纂学，漂流瓶中的文字表征着历史编纂学要整理的信息，信息自身指向了过去。所以历史编纂学涉及的是过去的描述，过去作为具体的物件，构成历史编纂学解读的对象。过去的信息是历史编纂学的基础，空洞无物的存在无法激起当下的兴趣，因而历史编纂学涉及的是对过去的描述。赫勒指出，历史编纂学是"与过去交往的唯一媒介"①。没有过去便没有当下，历史编纂学帮助人们认识过去。

沿着克罗齐等人的思路，容易给人们造成过去的不可知论。他们认为不存在原原本本的过去，有的只是当下对过去的兴趣，当下需要什么过去就是什么，当下不需要的，过去也将不被认知。关于过去是否存在，赫勒对此给出了她的答案，历史编纂学处置的就是过去，过去是历史编纂的基础。历史学家编纂的是某种不再是当下的东西，而是属于过去。这一点，赫勒通过弥补克罗齐等人阐释"当代史"过程中的前提性漏洞，确立了历史之过去的合法性地位。但赫勒对历史编纂学的认识并未到此结束，她进一步提出了新的问题，即过去是否真的属于过去。

历史编纂学整合历史之过去的信息，一个不可忽视的要点是，历史学家对过去的编纂是基于当下的审视。历史之过去是历史编纂的基础，历史

---

① ［匈］赫勒. 历史理论［M］. 李西祥，译. 哈尔滨：黑龙江大学出版社，2015：93.

学家编纂已经发生过的事件，而编纂行为却是当下的。赫勒在解释历史编纂学关涉过去的过程中，没有遗弃克罗齐等人对当下的强调。赫勒也认识到，历史编纂学整合过去的信息时，历史之当下不可回避。对历史之当下的认识，赫勒一定程度上继承了克罗齐等人的观点。赫勒之所以首先提及历史之过去，在于说明历史编纂学面对的内容是过去的，处理内容的方式方法却是当下的。克罗齐等人概括了历史编纂学如何以及怎样审理过去，却弱化了过去本身的基础性。赫勒在洞察到克罗齐等人的问题的基础上，又进一步发挥了克罗齐等人的观点。

历史之过去构成历史编纂学的主题，但过去以一种符号和信息的形式，为当下所包含。赫勒沿着克罗齐等人的路线，指出历史编纂学涉及的过去由当下建构。信息是此时此地的，此时此地也即当下，只有信息被当下理解，信息才能作为有意义的东西被接受。邓肯号如果无视漂流瓶中的信息，信息便是无用的字词句，格兰特船长也不会被找到。正是邓肯号在航海时发现了格兰特船长的求救信号，才促使邓肯号展开后续搜救的一系列活动。漂流瓶中的信息时处当下，只有被当下的邓肯号建构，才确立了其存在的意义。历史编纂学涉及的过去犹如邓肯号对漂流瓶中信息的发现，经过当下的建构，变得有价值。就当下对过去的建构而言，赫勒与克罗齐等人保持相同的认识。

历史编纂学涉及的过去由当下建构，是赫勒在总结和吸收克罗齐等人的观点后形成的新结论。未来似乎没有占据其理论中的任何位置，因为历史编纂学的重心在于从当下的立场寻找过去的真相。在赫勒看来，未来是历史哲学讨论的主题，不在历史编纂学讨论范围之内，但赫勒并没有否认由当下建构的过去对未来造成的影响。历史编纂学不涉及未来，甚至不涉及当下的未来，即便如此，它影响了未来。

赫勒对历史编纂学的定义包含了历史性的三个过程，从过去走到当下，再从当下看到未来。在黑格尔、克罗齐和柯林伍德的启示下，赫勒的历史编纂学貌似是对过去的描述，实则贯穿着历史性的线索。简而言之，赫勒把历史编纂学视作过去、当下和未来的中介，人类历史通过历史编纂变得富有意义。

三、真实的知识

历史编纂学基于当下对过去信息的整合，可视作不同于意见的知识，赫勒称之为真实的知识。知识与意见这对重要的概念，自古希腊以来，一直争论不休。在西方哲学中，知识由理智把握，通往真理之路，意见依靠感官触觉，属于感觉对象。知识具有确定性、圆满性和不变性，而意见却被认为变幻无穷，缺乏真实性和可靠性。巴门尼德曾用"光明"和"黑暗"比喻知识与意见的差别，柏拉图借此提出两个世界，一个是由知识组成的真实的世界，一个是由意见组成的表象世界。知识属于理智领域，真实可靠，意见属于可感领域，不可捉摸。赫勒受古希腊以来思想家的影响，对知识和意见的纷争也表示出同样的看法，并把这种分歧性见解运用到历史编纂学当中。

赫勒谈到日常历史意识时，认为历史编纂学和历史哲学深深地扎根于日常意识，日常历史意识是历史编纂学和历史哲学的基础。进而，赫勒通过历史编纂学与日常历史意识的比较，阐明历史编纂学的知识特性。历史编纂学属于真实的知识，日常历史意识属于意见，意见是知识的来源，知识以特殊的形式展现意见，但知识不是意见，意见也不是知识。《历史理论》中赫勒对二者做了简短的比较，由于她早在《日常生活》中充分地阐释了意见与知识的区别，因而没有使用过多的笔墨详细论述何为真实知识。为了更好地理解作为真实知识的历史编纂学，《日常生活》是解密真实知识的重要来源。日常历史意识视历史为故事，这是运用日常思维看待历史。日常思维在人本学是第一性的，科学思维属于第二性，日常思维作为科学思维的基础，在结构和功能上有着天壤之别。日常思维是直接的、未经反思的思维，关切个人在其环境中所面临的问题的思维，具有实用主义特征，旨在实现某种实际目标。为了实现某种目标，日常思维总会引起实践的兴趣，与实用主义保持同一。在实践的过程中，日常思维充满感觉或情感，但感觉或感情只能通过想象传递或传达，不具有可靠的确定性。

日常思维形成日常知识，尽管可以采纳某些科学事实，但是它不能包含科学知识本身。比如家长告诉孩子多吃橘子，因为橘子中富含大量的维生素 C，这一陈述包含着科学信息，但是这位家长未必知道什么是维生素 C，什么是维生素 C 的化学成分，为什么橘子中包含大量的维生素 C。对于家长而言，也不必知道这些科学信息，因为"维生素 C"不是科研对象，而是某种她认为对孩子的饮食有益的东西。橘子中的维生素 C 被视作理所当然的知识，构成日常知识范畴，但日常知识只能是意见，不是哲学或科学的知识。科学知识可以影响日常知识，使其特殊的语言以日常知识的形式展现出来，但科学知识本身不是日常知识。就历史编纂学而言，对于从未读过维柯、黑格尔、马克思或尼采著作的人来讲，不妨碍人们使用日常语言进行言说，但他们关于历史的日常言说远未达到历史知识的层次。

这一区分无关乎真理是绝对或相对、暂时或永恒的。日常知识中的某些成分，可能比科学知识储备更加坚固，不易改变，更加永恒。但日常知识即便被持久地确立为真，也依旧是"意见"；科学知识即使受到责难和被抛弃，也依旧是"知识"。比如人们已经正确地知道一个物体坠落时，会落到地面上，但是关于自由落体的科学解释则不止一次地发生根本性的改变。我们知道，可以使用货币购买商品已有数百年乃至上千年的历史，但关于货币的理论几经变化。意见可能成为人们的普遍共识，但意见不是知识。意见之所以为意见，在于它的应用性属于实际需要，在实际中形成认知，而实际需要依托个人感觉或情感，感觉或感情又只能在特定的情景中被证实或证伪。科学知识不同，它不存在不可证明或不可反驳的命题，知识有其自身的组织原则、方法论和真命题。意见的任何"确定性"来自人们的事实知识，而知识的"永恒确定性"一定程度上代表了类本质，使人们最大限度地认知真理内涵。

历史编纂学作为真实知识，在于它能最大限度地探求真理和客观性，使隐含的东西变得明显，使晦涩的东西清晰，使隐蔽的东西公开，使不一致的东西一致。作为真实的知识，它不是日常实际经验的积累，而依托于专业的思考模式，形成具有一定内在特殊结构的范式。我们可以说，今天所有受过教育的人，某种程度上都经历过一段历史知识的学习，但对历史知识的掌握，不代表所有的人都具有历史编纂的思维，掌握对过去信息的处理方法，以及反思的向度。历史编纂学的知识性，就在于它明确历史编纂的价值、道德和规范，不被实际的需要所左右，最大限度地还原过去，提供客观性向导。进一步说，就历史编纂学的规范而言，知识的实用主义应用原则被排除了。马克思、恩格斯曾经指出："对于德国历史编纂学来说，问题完全不在于现实的利益，甚至不在于政治的利益，而在于纯粹的

思想"，"黑格尔的历史哲学是整个这种德国历史编纂学的最终的达到自己
'最纯粹的表现'的成果"。① 它不是为了实现任何具体社会目标采取的理
性化编纂，也不是意识形态的符码，它的价值在于作为当下的"教义"而
存在。这样的历史编纂学具有一定的批判性，基于一般性的规范和原则，
善于区分真实和非真实，而日常思维不能提供历史编纂的一般规范和原
则。规范和原则可能随时间的推移在不同的历史学家那里发生变化，但是
对于所有的历史学家而言，都必须遵循一种一致性的方式发现和应用
它们。

对于历史编纂的规范和原则，赫勒在解释历史编纂学含义时，没有明
确说明。这并不意味着可以一带而过，在赫勒看来，历史编纂学的规范和
原则涉及的理论比较复杂，需要罗列单独章节加以解释。接下来的两节将
就规范和原则加以具体分析，赫勒把历史编纂学视作对基于当下对过去信
息的整合所形成的真实知识，作为真实的知识，历史编纂学就要遵守明确
的规范，这种规范最初来源于兰克所强调的客观性。

第二节 历史编纂学的客观性

相较于日常历史意识，历史编纂学作为真正的知识，在于其本身拥有
科学的理论范式。凡是号称有科学资格的知识，都体现了对客观性的信
念。客观性在赫勒看来，是区分知识与意见的前提条件，是历史编纂学的

---

① ［德］马克思，恩格斯. 德意志意识形态（节选本）［M］. 中央编译局，译. 北京：人
民出版社，2003：38.

具体规范，也是历史编纂学应该遵守的绝对规范。历史编纂学的客观性问题，自兰克发起以来，备受争议，是大多数历史学家和哲学家不可回避的话题，赫勒只是其中的一分子。赫勒继承发挥了兰克的最初解释，但赫勒对兰克的态度并非一味地顺从，她借助后现代视角，指明客观性不是历史编纂学的充分条件。赫勒的特点在于，一方面承认客观性是确立历史编纂学为真知识的前提，一方面又对历史编纂学的客观性提出疑问。这种看似矛盾的结论，事实上包含两个层面：第一相较于日常历史意识，赫勒视历史编纂学为真知识；第二就历史编纂学本身而言，赫勒认为其中仍然存在不可忽视的问题，需要加以重释和修复。此处探讨的任务，对赫勒而言，主要是揭露问题，而后在《历史理论》的第四部分进行集中回应。历史编纂学属于《历史理论》的第二部分，第三部分也重在批判，但批判的对象转向历史哲学。事实上，赫勒在定义历史编纂学的过程中，对当下与过去的阐释，就隐含了不可调和的二律背反，而客观性这一节使内在矛盾凸显。围绕主客体之间的关系，赫勒沿着对历史编纂学客观性本身的界定，走向对历史编纂学客观性本身的质疑。历史编纂学的客观性在于主体与客体之间的强力平衡，历史编纂学应该遵守这一平衡，但历史编纂学又很难达到这样一种平衡。赫勒从主客体自身所具有的主观因素出发，指明历史编纂学的客观性问题。

一、平衡与断裂

职业历史学的核心是"客观性"的思想和理想，在很大程度上缘于兰克。1824 年兰克首次提出后来频频为人引用的名言"如其所是地书写历史"①。"如其所是"就是指，严肃不苟地书写历史事实，按照事件发生的本来面目组织材料，整合信息和描述过去。这一观点的真谛在于，历史模式是"被发现的"而非"制作的"，历史真理是唯一的，不受任何视角的限制。历史编纂学的任务是展现那些真实发生过的事情，探究过去究竟发生了什么，历史学家只能对"客观的历史真相"表达最高的忠诚。自兰克倡导客观地书写历史，客观性本身便成为学者讨论的焦点②，其中有拥护有质疑，卡尔和埃尔顿就此表示不同的意见。如今，几乎没有学者再像埃尔顿、兰克那样坚定不移地捍卫历史客观性。③ 有的学者从实际经验出发，有的学者从理论反思角度出发，挑战了历史编纂学的客观性问题。赫勒借助沃尔什、柯林伍德等学者的观点，从理论角度重释了兰克对历史编纂学客观性的界定。

---

① ［德］Ranke. The Theory and Practice of History ［M］. London：Routledge Press，1988：137.

② 兰克之所以被视作现代历史学之父，是因为他把从古典研究中发展出来的档案学和文献学的方法运用于现代历史学，对现代历史学做出了杰出的贡献。但需要注意的是，兰克本人是浪漫主义的杰出代表，反对启蒙主义的普世论和唯物论，他在哲学上是一个彻底的唯心主义者。因而，他所说的"如其所是"的"是"更有可能是指事物的"本质"而非"真相"，但是，后人却更多地在"真相"的意义上来理解。这不能不是一种历史的"误会"。另外值得注意的是，在 19 世纪，客观性是相对于主观性而言，20 世纪中叶后，客观性的对立面则主要是相对主义。美国历史理论家彼得·诺维克着重讨论了这样一些问题："历史学界内部在客观性问题上的学术论点的演进过程，历史学界以外的不断变化的思潮以什么方式影响到对这一问题的讨论，历史学界的社会状况和经济状况各个方面所发生的变化，对于来自更大的社会背景下提出的各种政治要求和其他方面的要求，历史学家以什么方式做出回应。"［美］诺维克.那高尚的梦想——"客观性问题"与美国历史学界［M］. 北京：生活·读书·新知三联书店，2009：12-13.

③ ［英］理查德·艾文斯.捍卫历史［M］.张仲民，等译.桂林：广西师范大学出版社，2009：3.

赫勒对历史编纂学客观性的阐释，可以说是直接回应了兰克所强调的"如其所是"。兰克下定决心清理黑格尔等哲学化了的历史，使其露出本来面目，努力以过去人理解自己生活时代的方式去理解过去，甚至抓住那些哲学化的历史未曾注意到的历史事件。赫勒没有彻底否定哲学化的历史，甚至认为历史哲学是历史编纂学的高级理论形态，有利于探求历史存在的意义。历史编纂学作为应用理论，是走向哲学化的历史的基础，但就历史编纂学而言，赫勒认为兰克所指认的客观性需要加以审视。为了客观地书写历史，兰克把文献学引介到历史研究中，提出历史学家必须把作伪和篡改之处从记录中根除。在具体操作过程中，兰克强调牢牢紧盯"一手材料"，而非"二手材料"。"一手材料"是指亲身经历者的写实报道，以及产生于那个时代被研究的文件；"二手材料"是指回忆录或事后概括等。对兰克而言，"一手材料"是通达真实历史的直接途径，只有依靠"一手材料"才能还原客观的历史。"一手材料"并非存放在图书馆里的那些已经整理出版的文件和编年录，学者们需要钻到国家各大图书馆，发掘未经出版的原始手稿。只有通过穷尽所有材料，检验文献本身是否具有内在的一致性，并且是否与同时代的其他文件对上号，才能排列组合，精确地描述或陈述过去。①

基于兰克的论述我们得出，历史是客观的存在，研究历史就要尊重历史的客观性，呈现过去的真实面目。兰克编纂历史的理论和方法，为后人提供了仿效的模板，赫勒就是其中的后继者。但赫勒从哲学的角度，扬弃了兰克的客观性，用一句话总结道："客观性可以按照主客体之间的关系

---

① ［英］理查德·艾文斯. 捍卫历史［M］. 张仲民，等译. 桂林：广西师范大学出版社，2009：19－20.

来定义。"① 历史编纂学中的客观性，是指主体与客体之间的强力平衡，由于价值观和道德评价的影响，这种平衡往往产生断裂和不一致。

在历史编纂学中，主体即编纂历史的历史学家，客体即历史学家所要编纂的史料文献，客观性也即历史学家如实地组织和陈述史料文献，这好比兰克所强调的如实地编纂历史事件。不过赫勒是这样阐释的："主体是作为他的时代的历史意识储存的历史学家。客体是过去的当下时代；换言之，一种过去的历史意识，并且在此意义上，客体是一个主体。事实上，它是一个固执的主体，它不会轻易向我们强加的东西屈服。"② 由于历史事件涉及的是已经发生过的事情，而事件本身如果没有人类记载，便不会流传于世。记载属于人为的过程，因此作为过去当下时代的客体，其本身也就包含了主体性。从赫勒的阐释中可以看出，客体本身具有主体化倾向，但为了辨清主客身份，我们可以简单地把主体归结为历史学家，客体归结为过去的当下时代。历史编纂学总是要基于当下描述过去，那么客观性的编纂就要求主体走进客体，排除自身当下的理解局限，揭示客体过去当下时代的价值观和理解范式。客观性意味着客体不为主体的目的操纵和利用，这也是历史编纂学不以实用主义为目的的主要原因。主体尊重客体，客体通过主体被唤醒，但不得不承认，主体在解读信息、提出和回答问题时无法摆脱自身的主观性。因此赫勒认为："就主客体关系来说，客观性只能是这两种强加之间的真正平衡。"③

主客之间的平衡意味着主体利益和偏见的悬置，意味着主体价值系列

---

① ［匈］赫勒. 历史理论［M］. 李西祥，译. 哈尔滨：黑龙江大学出版社，2015：133.
② ［匈］赫勒. 历史理论［M］. 李西祥，译. 哈尔滨：黑龙江大学出版社，2015：133.
③ ［匈］赫勒. 历史理论［M］. 李西祥，译. 哈尔滨：黑龙江大学出版社，2015：133.

应用矛盾的消除，意味着主体对客体的让步。对于主客体能否达到平衡，赫勒推翻了兰克按历史事实陈述的主张，表明主客体之间往往处于断裂的状态。主体和客体本身都具有复杂的知识结构，历史编纂学应该尽量保持这种平衡，但又很难达成一致，这是赫勒一贯的思想。从主体自身来看，主体在整合和解读信息时，主体之间对待同一事件可能有多种意见。沃尔什曾把产生意见的原因归结为四点，赫勒综合为两点，即偏见和冲突理论，并重点强调了偏见。依据沃尔什，偏见分为个体偏见和集体偏见，作为主体的历史学家由于他属于某一国家，某一民族，某一社会阶级，或者某一教派，那么他所陈述的过去当下时代，往往带有个人情感。[①] 偏见是什么，以及如何影响历史编纂的客观性，赫勒没有详细说明。她只是认为偏见阻碍主客体的平衡，并把更多的笔墨用在对客体本身复杂性的解释当中。

历史编纂学无法克服主体自身的主观性，导致客体好比康德所说的物自体，永远不可知。赫勒承继了兰克的客观性理论，同时也辩驳了兰克所强调的客观性，因此历史学家试图保持主体与客体的平衡也就构成了一种理论设想。历史学家只能尽最大的可能接近历史事实，而历史事实本身始终不能被彻底揭晓。从主体角度，赫勒否定了历史编纂的客观性，但主客间的断裂又不仅仅受制于主体的主观因素。赫勒进一步指出，客体也是模糊历史事实的又一原因。

---

① ［英］沃尔什. 历史哲学导论［M］. 何兆武，张文杰，译. 北京：北京大学出版社，2008：97.

二、目击者与证据

对于历史事实的复杂性，兰克并非完全没有注意这一点。兰克曾提倡历史编纂学家在确立一个真实陈述之前，首先要学会收集资料，从充足的证据中确定历史事实。历史编纂学家不能仅依靠图书馆整理好的材料进行陈述，而是需要跑遍国家各大资料库搜索已经出版或未经出版的原始手稿，然后鉴别真伪，再与同时期其他资料比对，以保证对过去的事件做出真实陈述。兰克为强调历史编纂的客观性提供的方法论，应该是每个历史编纂学家应该遵守的规范。赫勒没有否定兰克的理论结构，但还是提出了异议，认为对历史事实的陈述，最有说服力的人是目击者。目击者比历史编纂学家更清楚历史事实发生了什么以及如何发生。历史编纂学几乎只能依赖于目击者的陈述，但历史编纂学面对的目击者不同于日常生活中的目击者。在日常生活中，目击者的陈述被视为最为可靠的证据。比如两个小孩打架，家长为了维护各自孩子的利益，总会把责任推卸给对方，孰是孰非只有目击者才能做出公道的陈述。然而历史编纂学面对历史之过去，目击者本身属于历史之过去，那么一个目击者对历史事实陈述的可靠性只能依赖于另一个目击者对事实的陈述。如果两个目击者对一个事情的陈述保持一致，历史编纂学最后的陈述也就可视作真实可靠的，如果目击者之间的陈述不一致，那么对历史事实的陈述可能都被视作不可靠的。

为了保证历史编纂的客观性，确立目击者之间陈述的一致性，历史编纂学家只有像兰克所强调的那样，通过搜集大量的证据辨别真伪。赫勒指出，检验目击者陈述的真实性，是所有历史编纂学家应该完成的任务，但是历史编纂学家在寻找证据的过程中，头脑中已经存在了一个"前概念"。

历史编纂学家的理论将依赖于这个前概念寻找证据，因此他们一定会从许多证据中挑出能够支撑他们理论观点的材料，加以证明陈述的真实性。证据一定会受前概念的制约，否则目击者提供的信息无法被解读。那么即便历史编纂学家提供不同目击者对同一事件的同一陈述，也不能说明历史编纂的客观性，因为这里也不乏历史编纂学家价值观的引导。赫勒认为兰克为客观的历史编纂提供的方法，程序上是每个历史编纂学家应该遵守的规范，但历史编纂学家在实际操作过程中，并非如实地依照程序进行。关于历史事实的证据，都是散乱的材料，材料之间没有必然的联系，历史编纂学家在组织串联这些证据过程中，由于受前概念或价值观引导，定会自由地选择符合自己立场的材料加以组织陈述，而非依据材料本身的逻辑关系加以陈述。历史编纂的这个程序的客观性被打破，关于历史之过去的陈述也就缺乏真实性了。

这样看来，兰克宣称的如实按照历史事实来陈述，无论从主体角度还是从客体角度看，都不能作为真命题和绝对的程序加以遵守。赫勒否定了兰克的理论构想和实际程序，意味着历史编纂学没有客观性可言，客观性不能作为历史编纂学的基本规范，但赫勒仍没有完全否定兰克规范的意义。她指出："我们需要记住关于兰克规范的理论意义。"① 兰克规范承诺了对事实的真实陈述，这一规范在理论和实践中作为规范性理论来发挥功能。它引导历史编纂学的具体实际操作，是历史编纂学成功解决问题的前提条件，也是一个任务、一个基本条件。如果历史编纂学家都按照自身的理论构想组织历史资料，历史就变成了一种虚无缥缈的东西。而历史编纂

---

① ［匈］赫勒. 历史理论［M］. 李西祥，译. 哈尔滨：黑龙江大学出版社，2015：148.

学的任务是确立历史的真知识，因此兰克的规范对每一个历史编纂学家在组织解释中起到约束的作用。一个人承诺"按历史事实发生的情况"的阐释，就会要求另一个人做出同样的承诺。兰克的规范无疑是历史编纂的基本规范，兰克规范的有效性在于每一个人都能坚守这一规范。为了保证历史编纂的客观性，兰克规范需要每个人来遵守。

赫勒一方面批判了历史编纂的客观性，一方面又肯定了兰克规范，表面上似是而非，最终想要表达的是：历史编纂学理论承诺了对事实的真实陈述，但历史编纂在实际操作中很难达到这一点。历史编纂学应该尽最大可能地遵守客观性这一规范，但历史编纂学提供的真实知识只能作为对历史之过去的一种陈述。历史编纂学依据主体的前概念、历史意识或价值观形成的知识，必然随主体价值观的变化而变化。过去发生的事件是历史之过去，依然存在于当下，主要缘于当下对它的不断激发。赫勒打破历史编纂中的主客平衡，历史编纂的真实性也就此遭到质疑，那么历史编纂学家该如何看待关于历史事实的陈述，柯林伍德的解释为历史编纂提供启示性意义。在柯林伍德看来，科学的历史编纂学对历史事实的陈述都不是现成的不变的结论。把一种现成的陈述纳入历史知识的整体，对科学的历史编纂学家而言是不可能的行动。科学的历史编纂学家在面对一种历史陈述时，都不会把"这个陈述是真是假"当作问题来给予说明，而应该关注"这个陈述意味着什么"。"意味着什么"也不等于这个历史编纂学家的陈述想表达什么意思。科学的历史编纂学家不能拘泥于一种事实的陈述，而应把这种陈述当作可能对他有用的一种事实，发现这种陈述背后的其他理念，以通达对历史的理解。

三、事实与真实

历史编纂学的客观性就是要求主客体平衡，主体真实地陈述客体，揭露客体的本来面目。赫勒把客体称之为历史之过去，这也就是她所强调的历史事实。日常语言中，如果一个陈述符合事实，我们就说它是真的；如果说一个陈述为真，那么它就是符合事实的。因此，真实性和符合事实就被约定俗成地捆绑在一起。事实独立于主体之外，无论主体有没有想到它，它都存在着，并不以主体为转移。如果用一些词语来形容，事实是"过硬的""坚强的""不变的"的东西。如果不考虑主体主观因素，主体对事实的陈述意味着真实地呈现事实。可由于历史编纂学不同于其他类型的知识，主体始终是当下的主体，客体却是历史之过去的客体，当下与过去的时间断裂必然打破主体与客体之间的平衡。与此同时，就主体和客体本身而言，各自内部的复杂性无形中增加了历史编纂学遵守客观性这一规范的难度。赫勒首先从主体角度出发，论述了主体的主观性所造成的偏见影响了历史编纂的客观性。接下来，赫勒再一次从客体角度出发，进一步阐释了客体对客观地编纂历史事实带来的障碍。在赫勒看来，主体在陈述事实过程中，不可避免地会有个体价值观和道德观的介入，即便排除这些因素的影响，历史事实本身也是复杂的。

当然，一些历史学家并不同意赫勒的观点。他们提出，历史编纂涉及的历史事实，正因为这些事实是过去的，所以才是固定的和确定的。文献信息是有力的证据，它们不能被任何当下的历史编纂学家以任何夸张的想象力加以篡改。赫勒反驳道，历史编纂学面对的历史事实不像自然科学的研究对象固定不变，历史事实是指过去实际发生的事件，事件某种程度上属于经验范畴领域。经验相比于概念命题具有不确定性、可变性、流动性，历史编纂学把经验作为理论基础，显然降低了理论的权威性。当然这并不意味着要否定作为一种真正知识的历史编纂学，历史编纂学仍不同于意见。但兰克强调历史编纂学能够真实地陈述历史事实这一论断，并认为有关真理的问题，历史编纂学已经解决了，却不能被怀疑的加以接受。历史编纂学家对历史的陈述建立在过去经验事实基础之上，基础自身存在无法证实或证伪的问题，那么主体与客体之间想要维持的平衡也就难上加难。客体的经验性，导致主体对客体的陈述无法领会客体的真实感受。例如一位眼科医生给患者检测视力，诊断患者视觉方面的问题，由于眼科医生的眼睛不同于患者的眼睛，眼科医生对患者视力的诊断在多大程度上符合患者的实际情况，很难说是真实的陈述。历史编纂学对历史之过去的陈述，虽然不同于眼科医生给患者看病，但道理可以同义置换。

此外，作为客体的历史事实并非由单一事件组成。历史事实由多组事件构成，那些走进历史编纂学家视线的内容，只是其中的某一方面。事实的复杂性，导致对事实的陈述也是复杂的。历史编纂学家择取的事件，乃是被思维加工而形成的确定结论，结果关于事实的陈述可以具有多种不同的意义，哪种为真实的陈述，哪种为虚假的陈述，不能妄下定论。好比《格兰特船长的儿女》这个故事，当邓肯号发现漂流瓶里的信息时，信息由混乱复杂的短语组成，这无形中加大了解读的难度。专家在解码过程中，关注哪些内容，忽略哪些内容，都是值得商榷的问题。关注和忽略的不同，对格兰特船长的定位也就不同。格兰特船长可能在巴塔哥尼亚，可能在澳大利亚，还可能在新西兰。小说不同于历史事实，小说都有一个幸福的结局，邓肯号最终在一个任何人都没想到的地方找到了格兰特船长，格兰特船长向他们解释了故事实际上是如何发生的。但历史事实不会像小说设计的那么美好，历史事实没法进行检验，历史编纂学家对历史事实的陈述，最终无法确定历史事实到底是如何发生的。

历史编纂学家陈述一个事实，但事实到底是什么，不能借历史编纂学家的陈述确立事实就是如此。历史编纂学家的陈述只代表了一种可能，历史编纂学家在这一种可能的陈述中，事实并非按历史编纂学家陈述的那样实际发生。赫勒还举了一个例子：等待与某人喝茶。"等待与某人喝茶"一个看似简单的事件，主体对此的陈述使人联想到真实的情景是，一个人为等某人喝茶，他可能事先摆放茶壶并切好面包，或者他整理好房间并穿戴整齐以迎接某人的到来。然而事实可能并非如此，当一个人在等待某人喝茶时，这段时间内他从抽屉里拿出早已准好的手枪，放在身上等待某人出现。"等待与某人喝茶"背后隐藏着不同的故事，后一种陈述似乎不合适常理推断，而被视为不真实的。但事件实际上正是按后一种陈述发生，因此历史编纂学家对事实的概括也就具有很大的推测性。

赫勒所举的例子比较简单，而历史编纂学家往往要面临比这复杂百倍的事件，事件越复杂越难真实陈述。事实上发生了什么，只有那些生活在历史之过去的人有权说明一切，现在要想重述过去，实在是困难重重。通过假装事情事实上如何发生，历史编纂学家不仅对作为历史之过去的客体强加了主观意愿，也进而破坏了历史客观性的规范。赫勒指出，把一个不可能真实的陈述作为真实来接受，历史编纂学家对客观性的遵守也就坚不可摧了。

第三节 历史编纂学的建构原则

关于历史编纂学的客观性，赫勒主要回答了这样三个问题：什么是客观性；客观性能否作为历史编纂学的规范；历史编纂学能否遵守客观性。赫勒在回答这三个问题过程中指明，历史编纂学受主体与客体的相互制约，兰克规范只能作为一种理论化的规范理念加以警示。历史编纂学无法遵守绝对的客观性，原因在于研究对象本身具有的双重维度。历史编纂学的研究对象作为历史编纂的客体，客体的主体化特征导致主体与客体的非平衡性发展。主体中的价值观、道德观和历史意识等方面是打破客观性的主要因素，但打破不等于蓄意破坏历史事实，打破意味着建构，建构历史序列。历史编纂学之所以无法遵守僵硬的客观性，正是因为自身具有的建构性。历史编纂学的建构性体现在重建历史事实上，其过程从接收信息到阐释信息，实则包含了组织性原则、解释性原则和引导性原则。组织性原则通过阶段化历史，使历史成为一个有机整体。解释性原则的目的在于填补历史空白，以达到对历史的理解，使人们能够通晓社会问题。引导性原则以先例为类比，普遍化历史陈述，使其在人类日常生活和思考中起到指导性作用。组织、解释和导向构成历史编纂学的三个基本建构性原则，势必影响历史编纂学中主客体间的平衡，亦即客观性。但赫勒对这三个原则的总结和概括不是妄加断言，而是指明了历史编纂学的共通性，同时也有利于认清历史哲学的内在结构。

一、组织性原则

赫勒把组织、解释和引导视为历史编纂学建构性的三个主要原则，可以说是对兰克、柯林伍德等历史编纂学理论的高度概括，并由此上升为历史编纂学建构理念的一般性原则。组织、解释和引导也可以看作历史编纂学的三个主要特征，组织、解释和引导对历史编纂学而言，不具有主次、先后之别，三者之间以一种并列的结构同时出场，但并列又不乏相互包容。组织中有解释，解释中不乏引导，三者相互交织，但每一种原则又有各自的侧重点。历史表现为由事件构成的连续链条，事件本是散乱的、碎片化的信息，却呈现出有序的统一性，如何以及怎样被整合，要归功于历史编纂学的组织性原则。历史编纂学的组织性原则，反映为"剪切"和"阶段化"的递进关系。历史编纂学的任务是描述（陈述）历史之过去，其过程就像《格兰特船长的儿女》对漂流瓶中片段性文字的反复重组。重组意味着"剪切"不必要的环节，使信息有效完整。"剪切"的结果便是事件与事件分离，划分出不同的时期或阶段。

"剪切"和"阶段化"就像历史编纂学组织性原则中的放大镜，放大或缩小某些历史事件的价值和意义，并非所有的历史编纂学都使用同一放大镜处理历史事件，但历史编纂学都会涉及对放大镜的使用。"剪切"和"阶段化"并非历史编纂学的随意行为，其背后都有着一套有说服力的理论支撑，因为"剪切"和"阶段化"是作为"里程碑"或"分水岭"而建构的。"阶段化"是历史编纂学的基本组织原则。赫勒对历史编纂学组织性原则中"阶段化"的提出，让我们联想到"西方马克思主义"的由来。现在通常把1923年问世的卢卡奇《历史与阶级意识》和柯尔施《马克思主义和哲学》视作西方马克思主义诞生的标志，但这一认识是后来的一种阐释的结果。"西方马克思主义"概念由安德森 1974 年在《西方马克思主义探讨》中率先提出，并很快得到普遍接受，从此形成了马克思主义发展进程中的"阶段化"，打破了"苏联模式马克思主义"一统天下的局面。再比如"中世纪"的概念，源于 14 世纪意大利伟大的诗人彼特拉克所用的"中间的时代"（media aetas）这个表述，力图在想象的古代和想象的现代之间找到一个中介，确定一种过渡或转换。而后，从英国开始，"中世纪"越来越多地被理解为"黑暗年代"（dark ages）。1688 年，德国路德教历史学家克里斯托夫·塞拉里乌斯在其所著的《世界通史》中，首次界定了中世纪，将其作为一个时代开始于君士坦丁大帝，结束于 1453 年君士坦丁堡的陷落。"这样的表达或者与之近似的表达由 18 世纪哲人（从莱布尼茨到卢梭）的大获全胜而完成。"① 后世的人们也就习惯于把历史划分为古代、中世纪和现代三个时期，历史编纂学也接受了把"古代"作为先前的时代，把"中世纪"之后视作"新时代"的惯例。

"阶段化"看似切割了历史的整体性，实则是历史编纂学组织性原则中一项有意义的任务。"阶段化"可以从时间方面，也可以从阐释方面划分作为整体的历史，无论历史编纂学把这些阶段定义为"原始的、封建主义、资本主义或社会主义"还是"地中海的、欧洲的、大西洋的"，都成为有意义的理论建构理念。但历史编纂学对整体的划分不是一成不变的，不同的理论使用不同的标准作为衡量"阶段化"的尺度。原则上，赫勒把这种尺度分为机械的和有机的两种方式。机械的阶段化是编年史常用的方

---

① ［法］勒高夫. 我们必须给历史分期吗？［M］. 杨嘉彦，译. 上海：华东师范大学出版社，2008：14.

式，只以时间顺序单纯地记录历史之过去发生的事件，不掺杂任何阐释，而有机的阶段化是历史编纂学惯常的手法，它总会"剪切"或放大出具有决定性意义的历史连接点。这一连接点关乎历史的之前阶段和之后阶段的生死、兴衰、强弱等问题，内在地含有一种进步、退步或循环的发展趋势。

历史哲学对历史的陈述也进行过阶段性的划分，包含着趋势论。所以相较于机械化的编年史，历史哲学的阶段化也属于有机的组织过程。同样是有机的阶段化，历史编纂学与历史哲学根本性的不同在于，历史编纂学的阶段化作为建构性理念发挥作用，而历史哲学的阶段化作为规范性理念起作用。历史哲学是赫勒《历史理论》第三部分主要讨论的对象，在第二部分"历史编纂学"中，赫勒没有展开详细的分析。但从赫勒的解释中可以看出，历史编纂学的阶段化与历史哲学的阶段化之间的差异在于"是"与"应该"的区别。历史编纂学的阶段化强调历史的诸多环节，各个时期的各种特征，而历史哲学的阶段化是"告诫"读者历史运行的内在规律，"警示"读者如何把握历史进程。相较于历史哲学阶段化的"空洞性"，历史编纂学能以"共时性"和"历时性"模式建构历史阶段。一般而言，阶段化只指"历时性模式"，但历史编纂学阶段化的有机性，正是因为融入了"共时性模式"。尽管共时性模式无法独自完成历史编纂学的阶段化任务，但没有共时性模式也就没有历史性模式。

共时性模式从结构方面或功能方面，或者从两个方面在相似性、规范性和重复性的基础上组织历史材料。历时性模式是把新的东西从旧的东西中分离出来。共时性模式对阶段化而言，它强调的不是问题新旧，而是功能和结构。共时性模式在结构和功能上辅助了历时性模式对新旧的划分。

因为共时性模式不是对单一事件的分析，而是在许多事件中把握一系列相似的、重复的现象，并假定这些现象反映了一个阶段的共性。相似的或重复的现象构成一个丛集，丛集与丛集各自内部可能存在相互矛盾的现象，但丛集与丛集之间可以进行相互联系或相互对比。在联系和比较中，构成多元的共时性模式。举一个例子：对亚里士多德来说，国家可以是独裁的、贵族的或民主的；对韦伯来说，国家由传统的或魅力或法律来合法化。共时性模式也可视为一种类型学，这就为历时性模式对历史的整体"剪切"提供依据，从而突出或强化历史阶段化的连接点，区分阶段与阶段之间的不同。赫勒认为，一旦一种模式得以确立，例如独裁—贵族—民主，或独裁—共和，或专制—自由—民主国家，或专制—宪法国家，它便涉及评价或价值观，历史编纂学组织性原则中的"理想型"，是一种价值中立的阶段化。

赫勒认为没有组织性原则就没有历史编纂学，但组织性原则并不意味着不掺杂任何解释和理解过程。当历史编纂学家通过组织历史材料来确定一个类型学模式时，确定性本身就是一种陈述，陈述也即解释。但在组织性原则中，解释不作为解释性功能得以运用，解释可以作为组织性原则的证据完成"共时性模式"和"历史性模式"的集体建构。历时性和共时性的结合在于为历史学家提供参照模式，如同参照事实一样，而历史编纂学的解释性原则和使某物被理解是同一的。

二、解释性原则

历史编纂学组织性原则中的"剪切"和"阶段化"不乏历史解释，但组织性原则中的解释不同于解释性原则中的"解释"。组织性原则中的解释以服务于历史"阶段化"的需要,而解释性原则中的"解释",赫勒关注的是历史理解、历史意义与历史因果关系这三个方面。解释在历史编纂学中帮助人们认识时间—空间维度中的社会问题。"如果它能够使我们理解社会问题及其变化,解释就完成了。一旦完成,它就引起了'我明白了'这样一种理性的感觉。"① 这就是说,在历史编纂学的解释性原则中,"解释"与理解保持同一,解释填充了人们对世界历史图景的认识空白。世界历史图景是一个流动的过程,人们只有不断地加以认识,才能创造宜居的生活环境,解释的价值就在于满足理解的需要。因而解释随时空变化,也是一个动态的过程,解释总会生成新的解释。解释通常不是一个完成时态,甚至说一个问题的解释在这个时刻被一些人接受,而在另一些时刻另一些人看来却是不满意的。这种不满恰恰激发了人们对世界历史图景知识的扩展,尽管不具有必然性。有时一些新解释并未提供更多的新知识、新信息、新启示,但却促进了对现存历史图景的重新组合,从而使人们觉得更好地了解某物。对历史解释来说,解释的目标不是获取新知识,而是一种重新安排时空坐标中的材料,从而引起历史编纂学的接受者"明白了"的理智感觉。

解释性原则中的"解释"又分为阐释和解释两种类型。阐释和解释在英文中分别为 interpretation 和 explanation,汉语中都有"解释"的含义,赫勒对此理解为解读证据和安排证据的区别。阐释与解释具有家族相似的特点,阐释是解释的一种形式,二者都意图使人们获得对世界历史图景的真实理解,但具体而言,阐释同于解释,解释不同于阐释。赫勒把阐释视

① [匈]赫勒.历史理论[M].李西祥,译.哈尔滨:黑龙江大学出版社,2015:165.

为内部理解，把解释视为外部理解。所谓内部理解是指文本层面上的叙事，外部理解是对因果关系的论证。把艺术作品《哈姆雷特》与一段历史或一个历史事件做类比，阐释者阐释的是《哈姆雷特》作品内部的叙事结构、人物特征和情节设置等内容，阐释者不会涉及莎士比亚、莎士比亚的其他悲剧或莎士比亚生活的时代，而解释恰恰侧重于这部作品为何以及如何产生的原因。因此，历史编纂学总是在阐释和解释的连接中发挥效应。赫勒指出，没有解释和阐释的相互配合，历史编纂学就不能给予任何历史事件以意义，进而历史编纂学本身的意义也将不复存在。用威廉·德雷的论断来看："历史总关涉个人的活动，但它却不是就个人活动而关涉个人活动，一个行为，除非它具有社会意义，才能成为历史学家的课题。"①这就是说，赫勒所强调的历史编纂学的解释性原则，促进了历史意义在时间和空间维度中的薪火传递。

对于历史意义的建构，解释性原则首先体现在，它使历史事件作为阐释对象在时空中永恒化。这一论题事实又回到了赫勒历史哲学开端指认的"绝对的当下"。赫勒对一切历史都处于"绝对的当下"的信守牢不可破，按照赫勒的理论态度，从前有一个人，这个人在时空序列中属于过去，但这个人又不完全是过去的，他可以是当下的存在物。他之所以存在当下，归结于当下的人对他的不断陈述。以此类推，历史事件作为过去时间空间中的存在物，如果没有阐释者的阐释，事件也就随着时间的流逝逐渐走向遗忘。在赫勒看来，历史事件正是经由阐释的不断生成，才使自身不断地转化为阐释者的时间和空间。阐释者永远是居于当下的存在，阐释对象也

---

① ［美］威廉·德雷. 历史哲学［M］. 王炜，尚新建，译. 北京：生活·读书·新知三
联书店，1988：7.

就随着阐释者的无限阐释成为永恒，而不是停留在过去的某个时段。永恒也即时间化，这就意味着通过无限次阐释的历史事件，不会"退回"到时间中，能够始终保持在人们的视野之内。赫勒用卢卡奇主客同一理论引申道，阐释者作为历史主体，历史事件作为阐释的客体，主体与客体的统一性促使人类历史性的存在更加具有意义。阐释是从内部对历史事件的解读，时间化阐释对象，从而让发生在时空维度中的历史事件，成为历史性文件接受时空维度中的解释。

解释与阐释的不同，在于解释包含了"如何"和"为何"两个论题，如果说阐释属于本体论，那么解释就属于认识论。作为一种认识论的"解释"，赫勒从因果关系角度赋予了深刻内涵。赫勒指出，即便休谟和康德视原因为心理产物，历史解释仍存在对原因的追求。时间化了的历史事件在阐释者的阐释下可以变为抽象的存在物，但历史事件本身有其发生的时间和空间，对于历史编纂学而言，理解历史事件为何和如何发生，是一项重要的任务。赫勒给予的理由是：历史是人类的产物，产物是结果，生产者是原因。这种交互的因果关系是基本人类经验。引用赖尔的两种因果关系，赫勒把历史编纂学中的解释分为内在和外在两种解释模式，内在和外在对历史认识而言，都可以理解为同等相关性的原因。例如，罗马灭亡是因为野蛮人的入侵，或罗马遭到野蛮人入侵是因为其社会结构的解体。在前一种陈述中，野蛮人的外在力量被理解为罗马灭亡的原因；在后一种陈述中，外在入侵是一种偶然现象，罗马自身被理解为衰败的原因。在历史编纂学中，内在和外在对历史事件而言，互为偶然和必然性解释，两种模式共同构成历史编纂的意义。

三、引导性原则

引导性原则作为历史编纂学建构性三原则中的最后一个，不同于组织性原则和解释性原则，它体现为一种普遍化的陈述。对于引导性原则为何是一种普遍化陈述，赫勒并没有清楚地阐明其内在关联性，但从她论述历史编纂学的字里行间中，不难发现她所要表达的中心思想。在赫勒看来，历史编纂学通过组织和解释历史材料总会激起对历史之过去的某种认识，进而形成某种论断。其中充满人类智慧的格言。格言以言简意赅的形式规范、启示人类的行为活动，那么历史编纂学所形成的某种论断，就近似格言式的普遍化陈述。赫勒指出："格言不解释任何事情，但是它们的确在我们的解释中以一种众所周知的方式引导我们。"① 这就是说，历史编纂学通过组织和解释历史事件，可以形成格言式的普遍性陈述，引导人们探索世界历史图景。普遍性陈述在历史建构中的价值就在于，加深人们对过去的理解、对当下的透视和对未来的选择。赫勒用格言类比普遍化陈述，是她在论述历史编纂学引导性原则过程中主要的叙事手法。在赫勒看来，普遍性陈述不仅可以类比为格言，还可以类比为先例和律令，普遍性陈述的功能就是作为类比来使用的。类比的基础理念是"太阳底下没有新东西"，也即没有任何事情是史无先例的。

赫勒认为任何历史编纂都不是凭空想象的过程，总会参考以前的或随后的事件结构，分析某一新的或特殊的事件结构。因此以前的事件作为一种先例，充当了后期历史编纂所能依靠的拐杖。这个拐杖是历史编纂的基

---

① ［匈］赫勒. 历史理论［M］. 李西祥，译. 哈尔滨：黑龙江大学出版社，2015：185.

础，为历史编纂学家认清一个新事件或一个特殊社会结构，给予意义说明。一旦历史编纂学家接受了某种先例的引导，先例的作用就此完结，历史编纂学家便会丢弃这个拐杖，进行新的历史建构。普遍化陈述的功能就可以类比为先例，比如"外在的侵犯总是被重新定向为内在侵犯"①这句话，这个具有普遍性的陈述，无论如何不能解释任何时间任何情况下的战争，但是历史编纂学家可以依据这种陈述解释一场战争的发生原因。当研究一个政治体重复地卷入战争时，这一陈述就启示了历史编纂学家寻找可能的内在张力，分析诱使战争爆发的影响因素。普遍化陈述作为历史编纂学家对这场战争认识的出发点，以一种理性的方式引导他们描述历史事实。《共产党宣言》中的"一切历史都是阶级斗争的历史"②，赫勒视其为一种普遍化陈述，认为这种陈述引导了人们对历史的认识，当历史编纂学家接受这种历史事实时会把这种陈述作为证据说明历史发展过程，并因循这种陈述寻找每一个社会中阶级对抗因素，加固这一论断。如果历史编纂学家找到相关的证据，进行重新安排，就会形成新的有意义的理论，先例的引导性作用也就完成了它的使命。

因此，这种普遍性的陈述也可以类比为一种律令。它可以翻译为："记住这个！""寻找这个！"或"绝不要寻找这个"。律令可以是哲学句子，也可以是日常生活中的常识性陈述，归根到底表达了不同历史编纂学的不同价值观，进而在理论上和实践上引领同时代人。律令可能被一时代或随后时代的整个科学共同体接受为导向原则，但这不意味着每一位同时

---

① ［匈］赫勒. 历史理论［M］. 李西祥，译. 哈尔滨：黑龙江大学出版社，2015：187.
② ［德］马克思，恩格斯. 共产党宣言［M］. 中央编译局，译. 北京：人民出版社，2009：27.

代人的行为活动都遵守同样的律令。个体价值观影响个体对普遍性陈述的接受程度，历史编纂学家做出的普遍性陈述有其不可克服的难题。赫勒没有忽视普遍性陈述自身所具有的局限性，但还是着重强调了它在历史编纂学中的作用。在赫勒看来，所有普遍性陈述都是一条隐藏的律令，一方面它为历史编纂学家提供了假说的框架，另一方面它给予的历史信息暗示了历史的一种可能性发生。

波普尔和亨佩尔等学者对此提出反对性意见，面对诸种批判，赫勒进行了有力的回击。波普尔认为普遍化的陈述是空洞的陈词滥调，是无限的循环论证，它不仅不能使人获得历史规律的正确的认识，反而引导人们产生错误的判断。普遍性的陈述属于历史主义，属于整体论方法，属于意识形态，是真正历史知识道路上的障碍。[①] 赫勒反驳道，这使历史编纂学的引导性原则产生一种不应有的坏名声。波普尔把一切历史现象视作个体行动的结果，这本身就是一种普遍化陈述。历史编纂学家只要进行历史事实的陈述，就必然内置了一个引导性原则。一个拒斥引导性原则的历史编纂学家，赫勒认为这就好比一个决定要去航行，却不带罗盘或不听取任何有关航海经验的水手。引导性原则不强制历史编纂学如其所是地组织和解释历史事件，但它的的确确推动了历史知识的获得，没有引导性原则，历史编纂学就不能作为一项事业不断延续流传至今。

---

① ［英］波普尔. 历史主义贫困论［M］. 何林，等译. 北京：中国社会科学出版社，1998：125.

第三章

历史哲学中的意义和真理

　　相比于其他历史哲学，赫勒历史哲学的特点在于，她对历史编纂学进行了长篇幅的阐释，这就为如何认识和定位历史哲学起到铺垫的作用。就起源而言，历史编纂学出现的时间先于历史哲学，历史编纂学最早可追溯到古希腊的希罗多德，而历史哲学是现代启蒙社会的产物；就逻辑层次而言，历史编纂学属于应用理论，历史哲学属于更高级理论，没有应用理论，更高级理论不可能进行。历史哲学只有通过与历史编纂学的比较，才能更好地彰显自身的内在规定性。在掌握了历史编纂学的基本内容之后，赫勒把更多的笔墨放在了历史哲学。历史哲学是赫勒整个历史哲学思想，也即历史理论承前启后的关键环节。赫勒前期讨论的历史性和历史编纂学，以及随后将要讨论的历史理论，都服务于历史哲学。

　　历史哲学是贯穿赫勒历史哲学思想的灵魂，没有历史哲学这一基座的存在，赫勒整个理论体系的大厦将要坍塌。为了不使"历史哲学"与"赫勒的历史哲学思想"发生混淆，有必要指明的是，"历史哲学"这个专有名词更多地指向思辨历史哲学，也即维柯以来经黑格尔、马克思，到汤因比这一段时间的历史哲学。赫勒的历史哲学思想有广义和狭义之分，广义上包括她的历史性、历史编纂学、历史哲学和历史理论四大模块，狭义上则仅仅是指其中的"历史哲学"，但这一部分至关重要。就历史哲学的类型而言，不仅涉及思辨的历史哲学，还包含分析的历史哲学和叙事的历史哲学，赫勒所讨论的"历史哲学"主要是"大写的历史"，因而也就是黑格尔和马克思的历史哲学。通过对"大写的历史"的反思，赫勒不仅形成了自己（狭义上）的历史哲学，也促成了自己（广义上）的历史哲学思想。

第一节　作为观念的历史哲学

历史哲学作为赫勒历史哲学理论研究的组成部分，是赫勒由哲学反思走向理论建构不可或缺的重要环节。关于历史哲学的起源众说纷纭，有人认为它始于 1725 年维柯《新科学》，有人认为它可以追溯到中世纪的奥古斯丁。然而就实用的目的而言，历史哲学作为一门独立的学科，有人认为它成立于 1784 年赫尔德的《哲学的人类历史观念》，经黑格尔《历史哲学讲演录》发展到顶峰。赫勒从历史性角度对历史哲学内涵和外延的阐释，展现了历史哲学的当下境遇，期许了历史哲学之未来发展前景。在赫勒看来，历史哲学是现代社会的产物，历史哲学应随现代社会的变化而变化。赫勒通过追问维柯、赫尔德、康德、黑格尔、马克思等人的历史哲学思想，表明他们没有指明历史哲学产生的具体时间，只是笼统地把二百年前左右的时空概括为历史哲学的出发点，但她却独特地提出了历史哲学是现代社会历史意识之表达的观点。历史哲学以大写的历史的方式构建了历史的过去、当下和未来，历史哲学通过探讨历史存在的意义，表达了现代生存形式。在历史意识六阶段的划分过程中，赫勒曾认为历史哲学处于历史意识的第五阶段，只有被第六阶段的历史理论替代，才能完善现代社会的生活生产，使人类安居乐业。由此，历史哲学在赫勒体系中既属于历史理论，也属于现代性理论。

一、大写的历史：历史哲学的核心范畴

自 1769 年伏尔泰《风俗论》中明确提出"历史哲学"概念以来，历史哲学受到广泛关注，赫勒对历史哲学的阐释，进一步廓清了历史哲学的本质属性。早在赫勒之前历史哲学曾出现阶段性发展态势，尽管各个阶段之间没有泾渭分明，相互包容，但不同阶段还是保持着各自的特点。1938年雷蒙·阿隆《历史哲学绪论》和 1970 年海登·怀特《元史学》可视为历史哲学两个重要转折点，由此，历史哲学大致可以划分为三个阶段，第一阶段为思辨的历史哲学，第二阶段为分析的历史哲学，第三阶段为叙事的历史哲学。赫勒 1982 年撰写历史哲学时，可以说是站在叙事角度对思辨历史哲学的审视。赫勒本人没有把她话语中的历史哲学以思辨历史哲学著称，但事实上，赫勒在探讨历史哲学核心范畴时，针对的正是思辨的历史思维。

作为一种思辨的历史思维，赫勒认为历史哲学不同于历史的哲学。历史的哲学是历史的哲学问题，是历史编纂学家在研究历史过程中的抽象表达，而历史哲学的核心即"大写的历史"。大写的历史也就把历史作为一个整体来思考和表述，这好比马克思在《德意志意识形态》中所说历史不

是"僵死的事实的汇集"①，而是具有普遍性、规律性和整体性的历史。柯林伍德在解释历史哲学观念时指出："历史哲学就要包含每一个思考着历史的人的心中所普遍地和必然地产生的思想；并且，这些思想不涉及分类或假想的实体，而是与以历史作为其集合名称的那些实际具体事实有关。"②　"种种事实的集体名称便是历史，它包含着某种类型的人类行为。"③　赫勒把这种集体名称统称为大写的历史，与罗蒂对"大写的哲学"和"小写的哲学"的区分有异曲同工之处，并呼唤"小写的"历史出现，也即历史理论。但不管是大写的历史还是小写的历史，历史都不是历史编纂学眼中的历史事件、历史事实，或人们在历史中的活动，而是历史本身。这种历史是关乎历史的本体论，要求一切具体的人类服从这个特定的历史，即便人类历史存在不同的表现，但这都是大写的历史的本质表现。维柯的"一切历史都可划分为神的时代、英雄的时代和凡人的时代"，黑格尔的"一切历史都是绝对精神的产物"，马克思的"一切历史都是阶级斗争史"，在赫勒看来都是大写的历史之本体论的具体显现。大写的历史不构造、假设局部的必然性，而构造、假设整体的必然性，甚至"历史中不存在普遍规律"也是关于整体性历史的陈述。

　　作为一个包含各个部分的整体性的历史，它并非一成不变，赫勒强调这种大写的历史是变化的，只是这种变化具有一般的趋势。各部分不能支配历史的整体运动，也不能按照自身的特点随意变化，反而要遵循着历史

① ［德］马克思，恩格斯．德意志意识形态（节选本）［M］．中央编译局，译．北京：人民出版社，2003：17.
② ［英］柯林伍德．历史的观念（增补版）［M］．何兆武，张文杰，等译．北京：北京大学出版社，2010：334.
③ ［英］柯林伍德．历史的观念（增补版）［M］．何兆武，张文杰，等译．北京：北京大学出版社，2010：335.

变化的一般趋势。康德在《关于一种世界公民观点的普遍历史的理念》中陈述道，当考察人类意志自由之作用的整体时，人们可以揭示出历史具有一种合乎规律的进程，这种继承尽管从个别主体上看来显得是杂乱无章，但从物种的总体上看，却能够被认为是人类原始禀赋之不断前进、漫长的发展。① 马克思也同样认为人类历史发展将是从"人对人的依赖"到"以物为基础的人的独立性"，再到"人的自由而全面发展"② 的普遍进步过程。相比之下，还有一些哲学家对历史运动的一般趋势持相反或怀疑的态度。休谟在考察人类历史总体图景中，以他一以贯之的怀疑立场指出，事物总是持续不断地变化，无论出于理性还是观察，都没有理由确定这个世界是正在走向完美还是趋于衰退。关于历史的一般趋势早在古希腊时期就有过反思，经近代哲学家的讨论，直到现代也没统一定论。赫勒在此基础上把这种一般趋势归结为三种模式：一是普遍的进步过程，二是普遍的退步过程，三是进步或退步不断重复循环的过程。赫勒对历史运动一般趋势的整理归纳，呈现了哲学家对历史形而上学的思辨，不过至此，赫勒所做的工作也仍没突破性地提出历史一般性运动的基本趋势。

大写的历史运动具有一般性趋势，同样大写的历史还涉及原因解释，原因解释也不把人们的注意力引向特殊事件、特殊结构或特殊社会，而是关于作为整体历史本身的解释。历史编纂学也涉及解释，但赫勒区分了大写的历史的解释与历史编纂学的解释。历史编纂学在解释历史过程中，往往以讲故事的形式陈述特定时空中发生的特定历史事件以及事件发生的原

---

① ［德］康德.康德著作全集（第8卷）［M］.李秋零，译.北京：中国人民大学出版社，2010：24.
② ［德］马克思.资本论（第1卷）［M］.中央编译局，译.北京：人民出版社，2004：104.

因，甚至陈述如何以及怎样发生比陈述发生了什么更重要。而大写的历史在解释历史过程中，不是以讲故事的形式陈述历史事实，它是以历史本身为研究对象，用理性架构历史结构，回答"历史是什么，历史如何是，以及怎样是"的问题。马克思在批判黑格尔历史思想时，把市民社会视为全部历史的真正发源地，"历史向世界历史的转变，不是'自我意识'、宇宙精神或某个形而上学幽灵的某种纯粹的抽象行动，而是完全物质的、可以通过经验证明的行动，每一个过着实际生活的、需要吃、喝、穿的个人都可以证明这种行动"。① 这种洞见就马克思而言，历史解释的基础不在于对任何历史证据的直接研究，而是以思辨的方式处理整个历史过程，在这种处理方式中，人们希望揭露历史存在的秘密。在赫勒看来，大写的历史的原因解释就是这样一种过程，对历史的原因解释不只有马克思的一种版本，但马克思对人类历史的解释范式恰恰属于大写的历史的内在特质。

大写的历史的原因解释着眼点不在个别事物，而是对人类整体历史的关注，赫勒指出其最终目的是为人类更好地认识自身提供依据。人是一种历史性的存在物，大写的历史不是游离于人之外的某种东西，恰恰是人的类本质的体现，因而大写的历史也具有人类所具有的历史性，大写的历史的历史性引导着人们从不完满的过去走向不断完满的未来。相比历史编纂学的历史性，大写的历史的历史性转化为人类的过去、当下和未来只是心理建构和谋划，正是这心理建构和谋划加速了人类历史发展进程。"大写的历史——我们当下的过去和未来——建构和谋划了过去、当下和未来之

---

① ［德］马克思，恩格斯. 德意志意识形态（节选本）［M］. 中央编译局，译. 北京：人民出版社，2003：33.

大写的历史。"① 这意味着大写的历史不是人类过去的历史，而是人类当下之过去的历史，因此也是人类当下的历史。同时当下总是包含着当下之未来，因此大写的历史之未来也是当下之未来的历史，也即当下史。当下作为过去的体现和未来的摇篮，赫勒引用黑格尔历史哲学论断，阐述"历史站在绝对当下的意义中"②。但当下不是大写的历史的旨趣，大写的历史以当下为焦点目的是通往美好的未来。对于未来，大写的历史用"是"和"应该"进行谋划，并从"是"中推出"应该"。"是"是衡量"应该"的最高标准，"应该"被理解为历史之未来的真理，真与善的统一，历史进步的新阶段。作为历史哲学核心范畴"大写的历史"，它把历史作为一个整体，通过分析和解释历史运动的一般过程，使历史的真理在未来中揭示自身，完成最终目的。正如圣西门所说，大写的历史的职责就是为人类未来的子孙创造更加美好的生活。③

二、历史存在的意义：历史哲学的内在特质

在大写的历史建构和谋划人类的过去、当下和未来过程中，历史哲学满足了时代的需要。每个时代的人类总有其无法绕过的困惑，历史哲学相比于其他学科，总能感同身受并提供回答。历史哲学作为历史和哲学的集合名词，赫勒认为它的回答更贴合哲学式思辨。历史哲学属于哲学的一个亚种，历史哲学和哲学的相同之处是，都关注人类存在的起源和本质、国家、社会制度规范等一系列问题。历史哲学与哲学最大的区别体现在，面

---

① ［匈］赫勒. 历史理论［M］. 李西祥，译. 哈尔滨：黑龙江大学出版社，2015：290.
② ［匈］赫勒. 历史理论［M］. 李西祥，译. 哈尔滨：黑龙江大学出版社，2015：224.
③ ［匈］赫勒. 历史理论［M］. 李西祥，译. 哈尔滨：黑龙江大学出版社，2015：224.

对时代需要，哲学回答关于人类存在的意义问题，而历史哲学回答关于历史存在的意义问题。哲学试图把对人的反思上升为具有普遍性和必然性的东西，历史哲学则试图把对人类历史的反思上升为一种普遍必然性的存在。"存在"始终是哲学的研究对象，因此"历史的存在"就是历史哲学研究的对象。从该主题的哲学出发，关于历史存在的意义问题构成历史哲学的内在特质。

值得注意的是，"历史存在的意义"不同于"历史的意义"。赫勒在阐释历史哲学这种内在特质时指出，人们总容易把二者混为一谈，有必要对此做出明确的划分。"历史的意义"或被赋予陈述，或被赋予行动，但大写的历史不能简单地理解为一个陈述或行动。当人们说"历史具有隐含的意义"时，"意义"是人们赋予历史的，而不是说历史本身"具有隐含的意义"。在这个陈述之前，历史已然存在，那么历史是否有意义不是由人们的陈述决定的。同样我们也可以认为历史不具有隐含的意义，或历史是无意义的。如果一个行动按照规范、规则、价值采取行动实现它既定的目标，它可以被视作"有意义的"行为。但没有任何大写的历史把"历史的意义"理解为一种遵照一系列规范、规则和价值的行动。对于大写的历史而言，历史不由个体行动变得有意义或无意义，因为个体生活经验不具备扩展为"类的生活经验"的向度。历史没有隐含的意义并且我们也不能宣称历史是有意义的或历史是无意义的，这是赫勒在区分"历史的意义"和"关于历史存在的意义"中的一个主要观点。赫勒指出，历史本身无所谓意义，存在着无意义的陈述或行动，但不存在"无意义的历史"。

历史哲学涉及的是"历史存在的意义"问题，"历史存在的意义"中的"存在"是哲学层面的概念，可以理解为一种本体论反思。借用黑格尔的话来说，"当我们说'存在'时，我们并没有说到具体事务，因为'存在'只是一个纯全抽的东西"。①"存在"作为一种抽象物，并不是某种现实的存在物，而只是一种人类思维的指向性。任何具体事务都是有规定性的存在，存在一定是具体事物的存在，因此，"历史存在"就是具有历史规定的存在，也即关于历史本身的思考。对历史本身的思考，不仅仅限于对历史意义的思考，"历史的意义"构成"历史存在的意义"一部分，而"历史存在的意义"还包含"历史是什么，历史的功能、历史的形式与质料"等一般性的问题。

如果说哲学中最高价值承担了人类存在的意义，那么历史哲学中最高的价值承担了历史存在的意义。在人类存在的意义问题转化为历史存在的意义问题的过程中，历史哲学满足了一个时代的需要，这个时代就是当下的人类生活。赫勒认为，历史哲学通过反思普遍性的历史意识阶段，能够进行历史性的整体自我反思。历史哲学不是一个简单的陈述，但历史哲学在面对过去两个世纪以来一直困扰人类日常生活中的问题时，总以陈述的方式回答时代的困惑。历史哲学尽管是一种思辨的形而上学，但赫勒发现历史哲学看到的问题和日常生活中人们看到的问题没有高低之分。历史哲学和平常人一样，都会反思人们生活的命运和生活的意义，但历史哲学与平常人不同的是，它对问题的回答并非简单。历史哲学总能以缜密的逻辑思考，以关乎历史存在的意义的方式，进行系统化、组织化和体系化的历史性回答。历史性不是历史主义，历史主义是这样一种信念，要想对事物或问题有一个深刻且全面的认识，只有根据它所处的时代和过程进行整体

---

① ［德］黑格尔. 小逻辑［M］. 杨一之，译. 北京：商务印书馆，1982：190 - 191.

把握。"历史主义认为只有根据事物在特定发展过程中的位置和它其中所起的作用，我们才能获得对任何事物本质的恰当理解及其价值的恰当估量。"① 曼德尔鲍姆在为《麦克米兰哲学百科全书》撰写的"历史主义"条目所做的基本概括，为理解赫勒强调历史哲学的历史性回答提供了启示。

赫勒指出，关于历史存在的意义问题，历史哲学只能提供历史性的回答，"一个历史中的回答：由此是一个时空中的回答而不是永恒形式的"。② 这意味着，历史性就是要求人们在回答问题时，以时空为轴心，随时空变化而变化，不拘泥于一种单一的观点。赫勒把历史性的核心定位在当下，当下是历史的当下，当下作为历史意识的显现，在不同阶段有不同特征，因而历史哲学面对时代需要总应该适时地关注当下，不能停留在某一时空某一阶段。由此，历史哲学关于历史存在的意义，不能给予普遍真理，赫勒如是说，但历史哲学在回答问题时又不得不表述为普遍真理。它表述了历史存在的意义问题，却被过度地混淆为历史的意义，赫勒援引沃特金对历史哲学的误判表明，沃特金把历史哲学视为虚假意识，正是因为他忽视了历史哲学的这一内在特质。历史哲学的内在特质是历史性地探讨有关历史存在的意义问题，而非陈述历史的意义，在回答问题过程中历史哲学起到承诺和警告的功能。赫勒以历史性的眼光看待历史哲学，可以说她既看到历史哲学的独特之处，又看到历史哲学的内在矛盾，这就为她后期用历史理论改造历史哲学埋下伏笔。

① See item "Historicism" in Donald M. Borchert (editor in chief), *Macmillan Encyclopedia of Philosophy* (2nd edition), Thomson, 2006：392.
② ［匈］赫勒. 历史理论［M］. 李西祥，译. 哈尔滨：黑龙江大学出版社，2015：229.

三、现代社会：历史哲学的生存形式

在讨论了历史哲学的核心范畴、历史哲学内在特质的基础上，赫勒进一步阐述了历史哲学的生存形式问题。赫勒认为，历史存在必须依附于一定的载体，社会就是历史哲学得以生存的形式。不管历史哲学是对大写的历史的思考，还是关于历史存在的意义的思考，历史始终是人的历史。马克思对人的类本质做过明确的定义，把人看成一种社会存在物，因此，历史哲学有关历史本身的思考，也即对人类所在的社会的思考。许多历史哲学家在分析历史本身时，都分析过自身经历的社会，但能把社会直接概括为历史哲学生存形式的，赫勒起着重要作用。具体而言，赫勒所强调的社会，不是古代社会，不是近代社会，也不是未来社会，而是她所处的现代社会。赫勒对现代社会的关注，正好印证了她对历史之当下的重视。在赫勒看来，现代社会就是历史哲学的生存形式。

赫勒起初在谈论历史意识时曾表达，历史伴随人类书写的出现而出现，但历史哲学只有在社会机制成熟到一定程度时才能出现。历史哲学是现代社会历史意识的显现，现代社会具备了历史哲学存在的条件。"现代"主要由三种要素构成：市民社会、资本主义和工业。这三种因素相结合的时期，大约相当于法国大革命、美国独立战争和英国工业革命时期。一经出现，它们就促进了现代社会的形成，并使自身具有自我向自我展开内在逻辑。赫勒把这种内在逻辑称作动力机制，指出这种动力机制，也即历史哲学在探讨历史存在的意义过程中，一直寻找的内在逻辑。"当我们谈及

大写的历史时，我们所表达的正是这一动力机制，并且因此强化了其存在。"① 这就是说，现代社会的动力机制为历史哲学的存在提供可能性空间，历史只有等价于人类社会，才能完成历史哲学对历史本身的建构。赫勒把历史哲学对历史存在的意义的思考，转化为对人类社会本身的思考，由此，现代社会与历史存在被组建成一个有机整体，对现代社会的认识，也就相当于对历史本身的认识。

赫勒认为现代社会的基础是市民社会，市民社会的主导逻辑是市场的普遍化。在这种逻辑引导下，现代社会充满矛盾，异质性特征逐渐扩大，选择性成为主要标志。这些选择由历史的行动者承担，行动者在历史之当下的选择决定了历史之未来的走向。大写的历史的任务就是以否定之否定的方式，解决现代社会中不断出现的异质性逻辑之间的矛盾。赫勒通过对现代社会的分析所形成的历史观，与马克思对市民社会的分析所形成的历史观存在一定分歧。马克思把历史看作一种单一的线性发展过程，随着历史更高级阶段的到来，历史中将不再存在异质性差异，走向完满。为了区分与马克思历史观的不同，更好地说明历史之当下与历史之未来，赫勒在《现代性理论》中对现代社会又做了详细的分析。如何看待赫勒与马克思不同的历史之思，还有待进一步商榷。

但就赫勒把历史外化为现代社会的动力机制而言，她揭示了历史的"隐蔽计划"，促使历史哲学摆脱了神秘主义的外衣。康德在其历史哲学中，最早提出人类历史是自然的一项隐蔽计划，并认为这个"隐蔽计划"是推动历史以缓慢的速度不断进步的动力机制，但至于这个"计划"是什

---

① [匈] 赫勒. 历史理论 [M]. 李西祥，译. 哈尔滨：黑龙江大学出版社，2015：291.

么，康德却回到了先验哲学。黑格尔接过康德遗留下来的问题，把康德所强调的历史看成世界史，各个民族的一种精神原则，引导个体、行动和事件的精神导向。黑格尔指出，精神以其内在的必然性，使社会中复杂的、无序的表象融为一体，从而加强了民族内部和民族之间的紧密联系。这种引导社会与历史成为一个有机体整体的内在原则，就是理性。理性是"关于一个终极目的自身的思维"，"在各个民族发生的各种事件中，这样一个终极目的都能起支配作用，而且唯有这个目的能实现自己，所以理性存在于世界史中，这是一种真理"①。黑格尔历史哲学用"理性"回答历史的"隐蔽计划"，但其思辨、抽象和逻辑的表达，没能摆脱历史的神秘主义外衣，导致人们无法直观地认清历史的本真面目。

赫勒之所以能够揭开历史这层神秘面纱，与马克思所做的巨大贡献息息相关。马克思指出："历史向世界历史的转变，不是'自我意识'、宇宙精神或某个形而上学幽灵的某种纯粹的抽象行动，而是完全物质的，可以通过经验证明的行动，每一个过着实际生活的、需要吃、喝、穿的个人都可以证明这种行动。"② 马克思找到历史存在的物质基础，把市民社会视作全部历史的真正发源地，这就促使赫勒在此基础上，进一步揭开历史的"隐蔽计划"。赫勒借助马克思历史唯物主义中市民社会理论，把现代社会看成历史哲学的生存形式，这就使人们对历史的关注从"天国"转为"尘世"，使历史存在的意义更加透明化。

现代社会与历史存在并驾齐驱，赫勒一语道破历史哲学的生存形式，

---

① 黑格尔. 黑格尔全集：第27卷第 I 分册《世界史哲学讲演录（1822—1823）》［M］. 刘立群，等译. 北京：商务印书馆，2014：26.

② ［德］马克思，恩格斯. 德意志意识形态（节选本）［M］. 北京：人民出版社，2003：33.

同时也回应了克罗齐对历史哲学的狭隘性理解。克罗齐在讨论历史哲学的思想起源和观念解体中，把历史哲学看成一个超验概念。克罗齐说："探究超验的目的就是'历史哲学'。"① 在克罗齐看来，历史哲学不关注具体的历史事实，它的方法是把粗糙的历史事实描绘成超验进程和神的显现。赫勒对历史哲学的解释，显然没有完全站在克罗齐的立场。赫勒在分析历史哲学关于历史存在的意义中，认为历史哲学包含了"是"和"应该"，如果说"应该"代表了历史哲学中超验的内容，那么"是"就代表了历史哲学中的感性经验直观。"是"对应着赫勒所强调的现代社会，这就意味着，赫勒在阐释历史哲学过程中，既看到历史哲学的"形而上"，又看到历史哲学中包含的"形而下"。研究历史哲学，就不能脱离对现代社会的研究，这是赫勒在界定历史哲学内涵和外延过程中一个重要的启示。

第二节　作为具有普遍发展性的历史

在历史哲学产生之前，关于历史普遍发展的问题早已被哲学家或历史学家审视过，他们考察的重点是以特殊文明或政治体为基础形成的观点。历史哲学产生后，当哲学或历史学再考察历史时，历史俨然变成"大写的历史"。历史哲学关注的"大写的历史"图式中的普遍发展趋势，赫勒通过深入分析发现，历史哲学家从不同角度对"大写的历史"的探讨总结出不同种认识，普遍发展观在历史哲学家回答历史存在的意义过程中得到一

---

① ［意］克罗齐. 历史学的理论和历史［M］. 田时纲，译. 北京：中国社会科学出版社，2005：46.

致性认可。赫勒认为，历史哲学把大写的历史建构为一个不能被人类个别事件和结构所裁剪的"单位"，它把人类一切事件和结构归纳为一个连续的发展链条。这一"单位"不是封闭的，而是开放的，但内在于这个"单位"的逻辑不能被解构。个别事件和结构属于历史发展链条上的不同要素，在时间序列中作为历史存在的一部分而存在。人们对个别事件和结构的理解，只有从它们在历史中所处的位置进行评价。赫勒以类比的方式进一步阐释道，历史存在好比人类社会存在的生活被称为"古罗马"，所有事件都要在"古罗马"的时空中予以安排。赫勒把一种对历史进程连续性的确定意识和个别特殊事件连在一起，认为没有这种连续性，人类及其历史都不可能存在。各个事件和结构相互矛盾，相互斗争，但是它们生机勃勃地构成历史发展的连续性，同样，历史发展的连续性又促进了各个事件和结构间的丰富性。

一、历史发展的趋势

赫勒比较康德、黑格尔、马克思等历史哲学思想后总结道，所有历史哲学对历史存在的意义的回答千差万变，但历史具有一种普遍发展的趋势是一切历史哲学共时性认识。历史哲学面对时代需要，都不约而同地把发展趋势当作一种本体论问题进行讨论。从这种本体论研究视角出发，历史发展的趋势便不能理解为事实性的趋势，而是脱离经验存在的理性认识。历史发展趋势是否需要与哪些客观化的"历史时刻"相对应，变成次要性问题。在所有历史哲学家当中，马克思是为数不多的能够把历史发展趋势与客观化"历史时刻"进行一一对应的先驱者。马克思认为历史发展经历了由低到高的过程，与之对应的时代即原始社会、封建社会、资本主义社会和共产主义社会。马克思对历史的认识，为人类提供了一幅历史蓝图。但就历史如何发展而言，不同哲学家有不同的观点。发展趋势是所有历史哲学所具有的普遍共性存在，赫勒对此却进一步做了类型学上的划分，把历史的发展趋势再一次划分为三种理论形式：进步型、退步型和永恒重复型。这种类型学划分不会命名某种特殊的历史哲学，而是为了说明某些共同的基本趋势。

必须提及的是，赫勒的这种划分与她对自由的把握分不开关系。从"自由"这一前提出发，赫勒认为自由是现代性的共同价值和理念，因此自由也毫不奇怪的是一切历史哲学的共同价值和理念。历史哲学对自由的追求，好比基督教或犹太教对自由的向往一样，但自由在历史哲学中被视为最高的价值。甚至幸福的理念都需要服从于自由这一价值维度，或者最多达到与自由价值的等同。根据自由的价值，进步理论意味着自由的增加，退步理论意味着自由的减少，永恒重复理论意味着同样量的自由或同样量的不自由，或者在自由增加和减少上永恒重复。

在自由的维度下，历史发展趋势被划分为进步、退步或永恒重复三种形式。首先，进步理论是这样一种形式，它把大写的历史视为一个由低级阶段向高级阶段逐渐发展的连续性过程。历史之当下为迈向高级或更高级的历史之未来的转折点，被称呼为"此地就是时机"或"此时就是时机"。当下的一切活动一方面理解为历史进步之结果，一方面以进步为衡量历史发展的价值标准，承担的主要任务是，为将要到来的时代积极努力地调动人们所能施展的全部能量。康德、黑格尔、马克思、胡塞尔、布洛赫、卢卡奇和萨特是持历史发展进步论的典型代表，赫勒认为他们的历史哲学思想几乎很少存在共同点，但都把大写的历史看成朝向自由国度发展的过程。

其次，与进步理论相反，退步理论强调大写的历史是一个由高级阶段向低级阶段逐渐发展的连续性过程。赫勒没有展开阐释海德格尔和浪漫主义对历史发展趋势的认识，但把二者视为历史退步理论的典型代表。按照退步理论，历史当下的社会发展意味着自由的不断减少，它的一切活动不仅不能带来美好的未来生活，反而预示着人类的自我毁灭。"此地"与"此时"不能转化为人类自由的增加，却表征了人类失去任何自由的未来可能性。通常所谓的原始社会，赫勒指出，它被退步理论称为历史发展过程中的最高级阶段，也即黄金时代，中世纪或资本主义社会则被概念化为历史衰落的开端。

最后，永恒重复性理论，赫勒认为汤因比、列维斯特劳斯和弗洛伊德都把历史发展看成一种永恒重复式的过程。按照这种理念，大写的历史被把握为同一发展序列的重复，在自由的维度上，历史发展既不表现为自由的增加，也不表现为自由的减少。自由或不自由以相同的方式不断重复轮回。历史一遍遍地进行重复式运动，那么这种不增不减的重复就接近于历史的退步理论，赫勒就此没有表示反对。赫勒认为，尤其在我们这个世纪，历史永恒重复与历史的退步可以等量齐观。

赫勒把进步、退步和永恒重复作为历史发展趋势的三种类型，就此呈现了历史运动的三种不同朝向，使人们认识到历史哲学中有关历史发展趋势的探讨。值得注意的是，赫勒的这种类型学划分，是在她架构历史发展模式中得以完整的。赫勒指出，不管历史各个阶段被定义为"较高级的"或"较低级的""不够高级的"或"更高级的"，都与历史哲学如何把大写的历史安排进历史发展的连续链条有关。这种安排可遵循的模式有机械的、有机的或辩证的三种，机械的和有机的安排在历史编纂学内部也能进行，但辩证的模式只存在于历史哲学之内。

为了更好地认识历史发展的三种趋势，有必要联系赫勒的历史发展模式理论加强理解。就发展的机械概念而言，赫勒认为这种模式是以可量化的社会数据为基础的，数据与数据之间的比较使得人们沿着"更多"或"更少"的路线度量历史发展趋势。根据这些数据实际规模的"大""小"，历史如何发展得以安排，其中诸如人口密度、人均产量，或科学知识等。人口密度的增加，人均产量的增加或科学知识的增加评定了历史的进步性，反之则意味着历史的退步。赫勒指出，所谓机械，源于这些因素中的一种作为衡量历史或进步或退步发展的主要指标。这些因素一旦整合在一起，很容易产生导向迷惑或无法克服的自我矛盾。比如，人口密度的减少，人均产值的增加可以与人口的减少同时进行。一个较大社会并不总比较小的社会生产更多的物品和更多的知识。甚至，历史哲学最高价值之自由理念，远非与其他种类的增长成正比例。历史哲学依据这种模式安排历史，在赫勒看来，这种理论自身的不完善性，价值在于让人们更清楚地发现历史进步或退步的"独立变量"。

相比于发展的机械概念，历史发展的有机模式不单凭数据"大""小"为基础，它的基础是数据的内在结构。哲学家通过结构间的比较，促使历史沿着"简单"和"复杂"，或"不成熟"和"成熟"的方式发展。赫勒举例说，历史的开端可以与婴儿和儿童进行比较，随之是青少年社会，以及后来的成人社会。这种模式表达出社会肌体"增长的复杂性"，克服了机械模式中独立变量的自我矛盾。机械模式的问题在于，一个因素的增长并不必然地说明历史总体性上的"更高"。有机模式从整体上规避机械模式的单一线条，但赫勒明确指出，有机模式也不是完善的理论的观点。有机模式美中不足的是，这种结构的复杂性解释了历史的发展过程，却不能使自由的增长得以充分证明。

一种过于单一的模式，一种过于复杂的模式，对赫勒而言，都不是衡量历史发展的最佳模式，赫勒在此基础上综合二者的优缺点，提出历史发展的第三种模式，即发展的辩证概念。发展的辩证概念是赫勒审视历史发展趋势中独特的研究视角，作为机械的和有机的综合，它的特征既包含了对数据"大""小"的衡量，又包含了对结构"简单""复杂"的衡量。赫勒认为辩证理论在解释历史发展趋势时，能够说明历史在一方面的增长和另一方面的减少，并且看到增长和停滞之间的不一致和矛盾。按照发展的辩证概念，历史进步或退步都是一个矛盾的过程，这一过程必须被理解为有条件的。条件不一定被历史哲学直接表述出来，但历史哲学提出了内置其中，在未来必将被满足的条件。赫勒借用孔多塞的观点加以说明："知识的进步和自由不可分割。"① 孔多塞虽然没有明确指明历史进步的必要条件，但对他而言，用知识进步衡量历史进步，其代价是自由的丧失。

赫勒从辩证角度分析历史发展趋势，把历史"整体"肢解为各种因素的拼贴，体现了她后现代主义碎片化的历史观。在历史哲学内部，历史发展作为一种普遍共性特征，赫勒从三种趋势到三种模式的分析，使人们认识到历史发展并非一个简单的过程，呈现了历史发展或进步或退步的复杂性。相较于马克思的历史分析法，赫勒更加注重微观透视，但没有马克思的整体宏观把握，因此赫勒的后现代理论也将难以施展。

---

① ［匈］赫勒. 历史理论［M］. 李西祥，译. 哈尔滨：黑龙江大学出版社，2015：241.

二、历史发展的指标

赫勒在谈历史发展时，始终以自由理念衡量历史进步、退步或重复式运动。赫勒用自由理念衡量历史发展，体现了她对历史哲学的一种概括。赫勒为什么把自由作为衡量历史发展的标准，自由能否作为衡量历史发展的标准，这里涉及一个关键性问题，即历史发展的指标。

赫勒认为不管机械的发展概念，还是有机的发展概念，或是辩证的概念，都可归结为指标性问题。大写的历史在一个或另一个方向上"展开的"理论，都能够通过一个或几个指标完成安排文化和社会的任务。同一个指标也可以应用到一切文化和社会生活中。历史就是根据指标，使人们得出一个社会是否比另一个社会更发达，或更落后。不同指标阐释出历史发展的不同方向，同一指标也可能使历史发展产生不同的效果。赫勒视社会中的一切现象都可作为衡量历史发展的指标，但实际操作中她认为只有有限的几个指标完成了这一任务。赫勒解释道，历史哲学所使用的指标最终可归结为两个：某种知识和某种自由。在二者当中，赫勒更重视自由这一重要指标，她把自由看作历史哲学的最高价值，历史哲学正是在自由这一维度上导出历史发展趋势。

赫勒以自由为历史发展的指标，是对自由的肯定和维护，一方面阐明历史哲学研究历史过程中的一种终极追求，另一方面表现出对黑格尔绝对精神运动的继承。赫勒用自由置换黑格尔的绝对精神，对自由的强调好比黑格尔对绝对精神的强调。黑格尔把绝对精神作为一切事物发展的最高准则，把表象看成绝对精神的外化，它对赫勒的启发在于，抽去黑格尔的内在精神原则，把自由作为历史哲学的最高价值准则，把外在表象看成自由的外化。历史哲学以自由为原则、理念和指标，对自由的运用，使其外化为工业、精英、平等、语言、环境等多种表象形式。"如果工业被视作自由的仓库，工业化的发展就将被视作进步。如果工业被理解为非自由的仓库，工业化的发展就将被从退步的方面来理解。"① 同样如果自由被理解为所有人的平等，那些能够保证人们平等的时期将被作为历史进步顶峰时期，如果自由被定位在人类的意志中，就无所谓进步或退步，因为在人们的意志中或永远都是自由的，或永远都是不自由的。赫勒对自由的把握，使历史哲学借由这一指标判断了历史发展趋势。赫勒也明确地意识到，她视自由为判断历史发展趋势的最高指标，但自由这一指标并非得到了所有人的认可。立场不同，视角不同，观点的不一致也就在所难免。以工业为例，从一种立场看，生产的增长带动人类物质生活的富足和多样化，那么生产就可以看成历史进步的指标。但从另一种立场看，生产的增长，工业化的普及，对人类的稳定生活、传统文化、自由造成的破坏，不失为历史退步的表现。

哪种指标能够"真实的"判断历史发展趋势，在赫勒看来，"真实的"的指标依赖于"真实的"价值。真实的指标是对真实价值的回应，如果存在几种真实价值，那么也存在几种真实的指标，来确立历史发展的几种趋势。但是赫勒坚定地认为，任何历史哲学都不能对什么是真实的价值、真实的指标提供满意的答案。若想得到满意的答案，历史哲学需要经过一种近似"关于上帝的本体论证明"，然而当历史哲学努力做出关于历史发展的本体论证明时，又遭遇了重重困难。这一困难，赫勒认为它是历

---

① ［匈］赫勒. 历史理论［M］. 李西祥，译. 哈尔滨：黑龙江大学出版社，2015：237.

史哲学中的二律背反，历史哲学设定历史是人类活动的产物，结论却使得历史与人发生疏离，并且把历史看成独立于人之外的对象物，就像自然科学家看待自然一样。赫勒对历史哲学的这种认识，与马克思对人类异化劳动的分析有异曲同工之处。马克思的异化劳动陈述了一种社会事实，劳动是人类创作价值财富的源泉，然而劳动却使劳动者与劳动产品、劳动本身、类存在、人发生异化。赫勒把马克思论述人类异化的方法，运用到历史哲学本身，尽管赫勒多次从后现代角度解构了马克思历史哲学思想，但从方法论上看，赫勒有意无意地秉承了马克思的研究理路。这一方法简而言之，就是从黑格尔到马克思，再到卢卡奇始终坚守的辩证历史观。

赫勒辩证地解释道，历史哲学把人类行动设定为历史发展的起因，最终把历史视作人之外的对象物，这种二律背反只有在黑格尔的历史哲学中得以克服。黑格尔的实体即主体理念，使得历史发展与世界精神朝向主客同一的发展，自由作为历史进步的指标，表达了实体自身向人类主体展开的过程，从而溶解了历史与人的分离。黑格尔历史哲学克服了历史与人的异化，但赫勒还是指出了黑格尔历史哲学中存在的问题。黑格尔之所以化解了人与历史的疏离，完全在于黑格尔的历史认识是超越当下意志的，超越现实生活的体系。除黑格尔外没有历史哲学能愿意付出同样的代价，对于大多数哲学家而言，他们不能消除主体与实体之间的矛盾。主体的主观性影响对历史发展指标的选择，从而导致被选择出来的指标看似一个衡量历史发展的客观标准，实则包含了主体的主观倾向性，但结论却视指标为不依赖于主体的独立变量，使实体与主体相分离。

历史哲学中不可攻克的矛盾，致使历史发展趋势也借由发展的辩证理论被视为一个矛盾性的存在。因此，赫勒的结论的是，历史进步或退步应该被阐释为矛盾的过程，按照发展的辩证概念，历史发展的指标至少有两个。其中一个充当解释原则，起决定性作用，另一个充当人类意志的规范——实践理念。由此，这就回答了赫勒为什么把自由作为历史哲学的最高价值，充当历史发展的解释原则，决定历史发展趋势。

三、历史发展的承担者

赫勒在解释历史发展的指标过程中，看到历史哲学内部主客体之间不可调和的矛盾。但就历史主体自身而言，赫勒认为人是世界历史的主体，人类是历史发展的承担者，人是促使历史运动的第一因。对赫勒而言，历史哲学包含了一种人类学，历史始终是人的历史，历史是人类活动的结果，因而人类在历史中的主导地位，牢固不可动摇。马克思把作为有生命的人看成全部历史形成的前提，并特意指明，这里所说的人不是作为具有生物本能的人，而是一种具有社会属性的人。

尽管赫勒本人没有声称继承马克思历史哲学中的人学思想，但从赫勒对历史主体的描述，可以看出她对马克思历史哲学人学思想的运用。赫勒在谈论历史哲学时，多次批判了马克思的历史哲学，可事实上，她的一些观点和研究方法都隐含了马克思的治学理念。马克思的历史哲学尤其是在《德意志意识形态》中，曾大篇幅地通过对人本身的讨论进行历史分析。赫勒继承马克思的人学观点，但不同于马克思的是，她没有过多地讨论一种类存在的人，重点在于分析人是如何推动历史发展的。人作为历史发展的承担者，人的主体性承担了历史发展的重负。赫勒把这种主体称之为"世界历史的主体"，并指出主体通过意志，或通过实践等手段创造历史，因而主体又可划分为个体主体和集体主体。在赫勒理论框架下，马克思历史哲学中的人学思想变成集体主体中的一部分。

赫勒对历史发展承担者的阐述，一方面使读者更加清晰地了解了历史哲学的内在规定，另一方面也表达了对马克思历史哲学的独特认识。为了更好地把握赫勒这一思想，首先需要了解下她所谓的"个体主体"。赫勒把个体主体等同于"伟大的个性"，她认为伟大的个性是推动历史发展，或更狭隘地说，伟大个性是推动历史进步的决定性力量。伟大的个性具体而言，可以体现为客观化、制度或行为等方面，历史哲学普遍地把政治领域表征为"伟大个性"。政治行为决定历史事件，因此世界历史主体与历史上最有力的强者同一，强者作为历史发展的代理人，给予历史新的转折。强者也即历史上伟大的征服者或政治家，赫勒认为亚历山大大帝、尤里乌斯·凯撒、奥古斯都·凯撒和拿破仑等都属于这一范畴。强者的个体性决定历史变迁，赫勒对此概括为"英雄崇拜"式的哲学。在历史哲学范式内，并不是所有的"英雄崇拜"都根植于个体主体概念中，英雄排除了艺术和文学上的天才，更多的与政治力量勾连。"英雄"按照尼采观点，就是能够超越芸芸众生，拯救历史充实而伟大的人。赫勒以尼采的超人哲学，概括了这种"英雄崇拜"。

政治性的个体性在历史发展中的作用，在现代性以前，被视为普遍的决定性力量，但赫勒以现代性为分界线，指出现代性使人类历史生活发生翻天覆地的变化，由此历史哲学有关历史个体主体的界定也出现了明显分化。现代性带来自由和民主，自由和民主的时代不能伴随政治家和战士，取而代之的是伟大的自然科学家。波普尔、列维－斯特劳斯等哲学家与赫勒不谋而合地指出，伽利略和牛顿继承凯撒和拿破仑，以科技为手段，成为历史发展的承担者，从而使科学的神庙变成历史上全新的万神庙。历史发展的轨迹，借由科学的生产方式、管理模式和社会结构得以改变。随着时代的变化，科学家取代政治家，变成推动历史发展的主导力量，但不管是政治家还是科学家，他们都以个体为独立变量改变历史运行轨迹。

赫勒以现代性为轴心，从时间角度出发，把个体主体划分两种类型，但在这一过程中，她没有绝对化个体主体在承担历史发展中的决定性作用。进一步而言，赫勒认为还有一部分历史哲学把集体主体定性为推动历史发展的主要力量。对此，赫勒又从社会文化角度出发，再度阐述了集体主体概念。赫勒指出，世界历史的集体主体可以等同为作为整体的社会文化，社会文化的外在形式即"时代精神"或"文化精神"。历史发展就是根据精神的自我展开，不断走向新的文化阶段。赫勒以文化精神为历史发展的承担者，可以说吸收了黑格尔的世界历史哲学思想。黑格尔曾指出，"精神引导世界，我们想要了解的就是精神的引导"[1]，精神不是某种抽象的独立物，而是一种完全当下的、具体的东西。赫勒把这种具体理解为：阶级、阶层、职业群体、种姓等。这几种具体存在物，在赫勒看来，以相互冲突和共生为特征，调控历史发展脚步。阶级、阶层或职业群体等在社会结构中以一定比例占据一定份额，但作为集体主体，它们又不同于一群人在社会中所占的位置。一个群体是集体主体，首先具备集体意识和集体行为。集体意识使某种群体融结为一个整体，在共同利益、共同需要、共同精神和共同生活方式的激发下，更新现存文化与社会秩序，变革历史面貌。

世界历史的集体主体作为一个整体成为历史发展的承担者，但值得注

---

① 黑格尔. 黑格尔全集：第27卷第I分册《世界史哲学讲演录（1822—1823）》[M]. 刘立群，等译. 北京：商务印书馆，2014：20.

意的是，集体的非个体性，并不意味着集体只有一种类型。关于集体主体，赫勒借用社会学理论提供三种典型：有机团结的集体、精英和压迫者。涂尔干的有机体团结理论，强调社会结构中存在多种多样的群体，不同的群体具有不同的集体意识，每一个集体都对历史发展做出同样的贡献。帕累托则认为，在所有集体中，精英是决定性力量，他们的意志引导了历史发展方向和发展模式，这一集体主要由科学家、革命的积极分子、贵族等群体构成。然而马克思提出了相反的观点，赫勒凭借马克思《共产党宣言》推断，马克思把推动历史发展的集体主体定性为被压迫者。资产阶级之所以能够推翻封建主义，在于自身的压迫性促使其通过革命夺取政权，同样无产阶级也遭遇了资产阶级的前历史，因此若想改变被剥削和被压迫的生存状态，也只有通过革命的形式获取平等的社会地位。社会结构在被压迫手中不断更迭，历史也就随着这种集体力量不断变化。

从赫勒对历史主体的阐释可以看出，不管是集体主体还是个体主体，在历史发展中都起到了不同程度的推动。那么如何看待集体主体和个体主体在推动历史发展中的分量，赫勒并没有把二者作为两个独立的变量进行比较，这就意味着，对赫勒而言集体主体或个体主体孰轻孰重不能一言以概之。但赫勒却明确地承认，无论是集体主体还是个体主体，作为历史发展的承担者，都不能以道德评说二者的功绩，因为他们在改变历史过程中，一定会使一部分人遭到不公正的待遇。最为哲学性的结论模型应该是由老年布洛赫和古德曼设计的"交往的共同性"，赫勒对这一观点表示大加赞赏。赫勒指出，交往的共同体跨越个人的意识的"承载者"，是集体主体和个体主体的结合，每一个人通过他的社会化程度成为交往共同体的成员，从而形成一种团结的意志。这种团结意志的起到的作用是，规范了每一个成员只有在考虑他人利益的前提下，才能展开个人行动。由此，历史在人与人的团结交往中共生共长。

最终赫勒总结到，交往的共同体取代个体主体和集体主体，成为推动历史发展最好的承担者。但若想更好地把握历史哲学的发展观念，一个重要问题不能被忽视，即历史发展的规律。不建构所谓的历史发展规律，就不能理解作为本体论的发展观，规律与发展相辅相成，讨论历史发展，就需要进一步的研究历史发展的规律。

第三节　作为具有整体规律性的历史

历史的普遍发展观是一切历史哲学的共同话题，赫勒在阐释历史发展的本体论思想时提醒读者注意，谈发展就不得不谈规律性问题，发展与规律是一对孪生兄弟。不建构所谓的规律，而详谈发展的辩证概念是不可能的。历史哲学把人类一切事件安排到一个连续性的发展链条，发展就如康德在《关于一种世界公民观点的普遍历史的观念》中所言，是朝向完全并且合乎规律目的的展开过程。历史如果漫无目的运动，将不符合自然法则，结果是令人沮丧的盖然性。历史哲学从当下出发，对未来进行预设，可以使人们按照既定的轨道填充历史行动和历史事件。历史之未来能否像当下的预设一样如期而至，赫勒悬置了这一问题，因为对赫勒而言，当下对未来的陈述可以是真实的也可以是不真实的。历史当下对未来的承诺是一种价值理性，结果只能留给未来加以检验。

人们一旦意识到历史按照某种规律运动发展，历史哲学对历史的解释就起到规范、制约和启示的作用，从而使人们从一种自在的状态上升到一种自为的状态。历史发展有多种可能，赫勒这里所强调的，更多的是以历史进步论为前进方向的发展。普遍发展是规律式的发展，历史哲学以大写的历史为中心，大写的历史是一种整体性的历史，那么历史具有规律的发展过程也是一种整体性的发展过程。规律强调事物之间存在一种固有的、本质的、必然的联系，赫勒谈及规律也就少不了对历史必然性的论述。必然性代表了历史结构无法避免的序列，必然性与规律性看似两个不同的系统，但必然性与规律又具有内在的一致性，需放在同一体系中加以讨论。如果用几种特征来概括作为一种本体论的历史哲学，它们就是普遍性、发展性、整体性、规律性、必然性。对于普遍发展理念，上述两节已经进行了直观的分析，这一节的重心则是整体性、规律性与必然性。

一、整体性：历史规律的存在场域

对赫勒而言，历史哲学把普遍发展作为本体论哲学，发展说明历史是按照某种尺度进行的线性运动，这一内在过程就蕴含了不可逆的规律性。恩格斯在《路德维希·费尔巴哈和德国古典哲学的终结》中指出，社会历史观不同于自然观，但人类要意识到，社会历史和自然一样，其发展进程受内在一般性规律支配。"在表面上是偶然性在起作用的地方，这种偶然性始终是受内部的隐蔽的规律支配的，而问题只是在于发现这些规律。"①如何发现历史发展的内在规律，赫勒为此提供了一种解释。

赫勒把历史哲学看作哲学的分支，哲学以实体为研究对象，因此历史

---

① ［德］恩格斯.路德维希·费尔巴哈和德国古典哲学的终结［M］.中央编译局，译.北京：人民出版社，2016：43-44.

哲学也毫不例外的以实体为研究对象。历史哲学体系中有关实体这个概念很少出现，但不管它出现与否，实体始终存在，实体是历史哲学无所不包的范畴。作为一个无所不包的范畴，赫勒把它理解为整体性。哲学史上对于实体的理解不同时期有不同的认识，黑格尔作为历史哲学的集大成者，把实体定义为主体，但在赫勒历史哲学中，实体却转化为整体性概念。赫勒对黑格尔的延伸发挥，俨然继承了卢卡奇的总体性思想。

众所周知，卢卡奇是一名黑格尔主义的马克思主义者，通过结合黑格尔的主体性与马克思的客体性，把历史发展称作一个主客体同一的总体性发展过程，这对赫勒的实体概念界定产生深远影响。卢卡奇引用马克思名言"每一个社会中的生产关系都成为一个统一的整体"①，强调总体性是历史认识的起点。赫勒接过卢卡奇的研究结论，视实体为整体性，由此说明，历史哲学有关历史规律的创建，将导致一种宏观与整体性的研究，而非对局部或个体性的研究。所有孤立的部分作为社会存在的东西，不能被孤立地思考和处理，只有放到历史各阶段的整体联系中才能搞清楚。历史发展蕴含的规律性，是一个关于整体性的规律，需要人们从整体性上加以把握。

关于整体性问题，历史哲学内部存在不同种认识，为了澄明这一分歧，赫勒分析了以黑格尔和赫尔德等人为代表的两种相反观点。黑格尔认为世界历史是一个无所不包的整体，具有绝对的优先性，人们应从整体性上把握历史规律，而赫尔德则注重特殊的个体文化对历规律形成的作用。在黑格尔看来，世界历史的最高精神原则是由各个特殊的视角组成的总

---

① 马克思，恩格斯. 马克思恩格斯全集：第 4 卷 [M]，北京：人民出版社，1958：144.

体，各个原则、文化、民族精神都是一种世界精神的总体。各个民族精神或各种特殊文化是世界精神发展的阶段，世界精神在这些阶段中完成自身的整体性。历史发展的内在逻辑规律，正是从世界精神的整体性中得以体察。整体化是反观历史规律的重要手段和目的，特殊文化或民族精神只能作为历史整体中的一部分对透析历史规律起辅助性作用。历史在既定的轨道上，遵守自然法规则所做的线性运动，不会由特殊、局部或个体的不满而中断前进的步伐。个体或各个民族文化即便遭到破坏或伤害，也不会影响历史发展的整体进程，因为对世界历史而言个体只是它发展的一个手段。

黑格尔对个体世界历史性的冷漠态度，尽管得到歌德的支持，但赫勒用赫尔德、兰克和费尔巴哈等人的观点冲击了黑格尔这种绝对化的整体性思想。以赫尔德为例，他认为每一种文化都是世界历史真实的蓄水池，作为自在价值的代表，它们建构了具有整体性的世界历史。历史规律是基于各部分文化之间的内在逻辑展开的范畴理论。每一种文化都是下一种文化形成的基础，各部分文化间的相互吸收和融合促成世界历史的形成。东方人的出现促进埃及人的出现，埃及人又促进希腊人出现，希腊人的出现再一次促进罗马人的强大，从而使罗马人能够站在世界历史的最高处，这是赫尔德对个体文化的强调。赫尔德在观察历史发展的逻辑必然性中，重视个体对世界历史形成的推动作用，历史发展过程中的内在规律体现于个体之间的相互联结。历史运动的内在逻辑看似一个不受个体支配的连续链条，赫尔德却认为个体对普遍历史的形成起毁坏或捍卫的作用，个体的价值与由个体组成的整体性的价值等同。

赫勒用赫尔德个体性观点反驳了黑格尔整体性观点，但她对历史规律的认识没有站在其中任何一种立场，为其进行辩护。在赫勒看来，无论是黑格尔还是赫尔德，对历史规律的把握都存在片面性，黑格尔绝对化了历史的整体性，赫尔德又过于强调个体局部文化的重要性。赫勒试图调节整体性与个体性的平衡，用康德理论对二者进行综合。康德通过复制"人类"概念论述了整体与个体关系，这对发掘历史规律起到宏观的协调性作用。康德把人类概念两重化为自然的人类和道德的人类，自然的人类按照历史目的论理论，把自身看成促使历史之整体性形成的手段，而道德的人类或具有纯粹意志的人类，从不把个体力量看成单纯的手段。在遵循道德规律中，人把自身与具有类属性的人的理念同一，并看到一切个体身上的类特征。这就要求个人在具体的行动中不能只注重个体的利益而忽视他人的利益，而要重视对整体性把握。同时，个体在活动中也要注意到自身的力量，为实现历史的整体进步所付出的巨大贡献。康德用自然的人和道德的人综合了整体性与个体性的辩证关系，这一方法得到了赫勒的认可。

赫勒用康德调节黑格尔与赫尔德的分歧，指明了寻找历史规律的途径。赫勒总结到，整体性是认识历史规律形成的重要中介，但整体性不能排斥个体性在其中的影响，个体是整体中的个体，整体是个体中的整体。赫勒没有绝对化整体性，也没有绝对化个体性，她的这一思想，显然深受卢卡奇辩证法的影响。赫勒把卢卡奇的主客同一辩证法，改造为整体与个体同一的辩证法，这一过程对考察历史规律具有重要的意义。她把这一辩证法运用到历史规律的解释中，从而论述了历史规律存在的介质。历史规律是对历史之整体发展的抽象总结，整体性并非是不受个体约束的整体，规律只有在整体与个体的二元结构中才能形成逻辑必然性。赫勒用康德综合了黑格尔和赫尔德理论，但不得不承认，她同时也看到了三者存在的共同问题，赫勒指出他们的理论要么是无激进主义的现实主义，要么是无现实主义的激进主义。赫勒的这一批判，又体现了她的后现代主义风格。

二、科学性：历史规律的自我规定

历史规律是把历史发展作为一个整体进行的概括总结，整体本身是涵盖了个体性的整体，因而历史规律的整体性是包含了个体的整体性，赫勒为人们考察这一历史规律提供了基本的线索。历史规律潜藏在整体的历史进程中，从整体出发，人们能否发现这一历史规律，规律到底是什么以及规律有什么特点，赫勒对此进行了本体论意义上的论述。赫勒认为，历史哲学自称找到了历史发展的内在规律，并视其为具有科学性的规律。

然而作为一种具有科学性的历史规律，它究竟存在与否，雷蒙·阿隆和卡尔·亨普尔分别从分析历史哲学角度和逻辑实证主义角度表达了两种不一致的观点。雷蒙·阿隆在分析规律概念与因果概念中，谈到了历史规律，他认为历史规律是一个意义比较含混的名词。规律本身包含着事项结构之间的一种确立关系，如果人们把规律看成两个事项之间的规则，人们可以在人类历史中看到这类反复的存在。如果人们把规律看成一个历史性观念，人们越是要发现这一规律，它存在的历史性和合法性越是趋向消灭。因为人在短暂的有生之年，若想从复杂的、总体的历史中，看透唯一的、不可逆的变化是不可能的。人们可以发现局部历史规律，比如语言学规律。从一种语言到另一种语言，语音、语义和语法总会按照某种规则发生变化，并且这一变化的规则可以在经验世界中找到无数的事例进行验证，从而使人们在生理和心理上足以确信它的历史方向。但如果把历史作为一个整体进行实证性考察是行不通的，因为历史演化的原因会由于表象的数目减少了而变得模糊不清。①

与之相反，卡尔·亨普尔在阐释普遍规律在历史中的作用时这样说道，普遍规律在历史学和各门自然科学中，具有非常相似的作用，它们是历史研究的重要工具。"规律"这个词暗示着一个陈述可以获得经验证据的证实，那么普遍规律就可以被视作得到经验证实或证伪的陈述。在历史研究中，普遍规律可以理解为"普遍形式的假设"，或用"普遍假设"这个术语代替。普遍假设对规律认定的陈述方式为：事件 C 在特定时间和空间中发生一定的变化，就会引起事件 E 在某时某刻发生变化。C 表示原因，E 表示结果，它们之间的联结关系说明了历史发展变化的过程。这一陈述构成对历史规律的认定，并常常被看成社会科学研究中的基础性方法。② 卡尔·亨普尔与雷蒙·阿隆不同，他从逻辑实证主义角度肯定了规律在历史中的作用。但不得不说，赫勒作为一名后现代主义历史哲学家，她是站在雷蒙·阿隆一边的。后现代历史哲学与分析历史哲学都具有一种解构精神，从而使得赫勒和阿隆在审视历史哲学时，目光中闪烁着批判和重构的光芒。但不管赫勒怎样解构历史哲学，其前提是在完整地呈现历史哲学原有面貌基础上进行的。赫勒这一呈现，凸显了历史哲学对历史规律基本特征的描述。

历史哲学家声称找到了具有科学性的历史规律，那么这一规律到底是什么，赫勒没有给出唯一的答案，因为不同时期或同一时期的哲学家对历史规律有不同的指定。以黑格尔、马克思为例，黑格尔力求在多样性和变

① ［法］雷蒙·阿隆. 历史的规律［D］//张文杰. 历史的话语：现代西方历史哲学译文集. 北京：中国人民大学出版社，2012：91－93.
② ［美］卡尔·亨普尔. 普遍规律在历史中的作用［D］//张文杰. 历史的话语：现代西方历史哲学译文集. 北京：中国人民大学出版社，2012：305.

化的景象中揭示规律、法则和理性，他认为混乱的景象是历史本质的表象，历史在事件连续发展中隐藏着一种逻辑，历史终究不会归结为使人们困惑的狂想曲。这一普遍逻辑是引领历史发展的灵魂，是各个民族和世界的引导者，是个体行动的精神导向。精神引导世界历史，人们的任务就要了解这种精神的引导。黑格尔把精神导向视作历史发展的基本原则，让人们学会用理性的思维方式，看待自我与社会、国家三者之间的关系，可以说这一理念对后世产生深远影响。

马克思就是其中之一，马克思从早期作为一名青年黑格尔主义者到背离黑格尔，从接受黑格尔主张到反对黑格尔对历史规律的解释，他的哲学主张，对确立历史发展的规律起到重要的作用。他为历史规律提供了新的解答，他对历史规律的认定，其影响力超越黑格尔，影响广泛而深远。在马克思看来，历史发展的全部基础不是精神而是物质，物质的外在表现形式为市民社会中人们生活生产的能力，简称生产力。生产力是推动历史发展的决定性因素，它决定了政治、文化、意识形态等上层建筑的基本面貌，甚至决定了市民社会中人与人之间交往的关系，民族与民族之间交往的关系，乃至国家与国家之间交往的关系。在生产力推动下，人类历史能够朝向人的自由而全面的发展阶段不断前进。马克思用生产力表征历史规律，加深了人们对世界历史的理解，从而使其构成人们行动的基本准则。他的这一主张尽管遭到一些人的反对，却变成了具有经验性的社会科学。

赫勒通过陈述黑格尔、马克思等人的历史哲学思想总结到，尽管他们对历史规律的解释存在分歧，对于规律的把握不可以一言以概之，但共同之处是都把历史看成普遍发展的过程，而非静止状态。那么规律就与发展有着天然的联系。在赫勒看来，历史哲学把历史陈述为一种发展的过程，发展本身就可认定为一条准规律。历史哲学可以总结出多种规律，但发展的准规律占最高位置，其他规律都处于从属地位。历史发展是把某种指标作为独立变量来运作的，因此一切以普遍的独立变量运作的理论构成一般历史规律。在规律的指引下，未来与内在于这个规律的价值相一致，未来的想象被确立了。同时，历史发展的结果反过来也正好验证了规律在历史开端所设定的未来。

　　这一规律对历史哲学而言，回答了历史存在的意义，规范了人类的生活方式，承诺了人类的生活价值，因而它不能被篡改，并自称为终极真理。规律不需要证明，因为它拥有了"真理"。赫勒把这种规律看作是一种神秘主义的普遍发展理论，认为由规律创造出的世界历史图景尽管看似一个神话故事或深奥思辨，但黑格尔等人却把它阐述为科学规律。这一规律所具有的特点可以被界定为自然科学规律和司法规律的混合物。司法规律强调每一个人必须遵守的义务，如果不遵守上帝或法律下达的命令，人必须受到惩罚，剥夺自由，甚至死亡。自然科学规律提供解释模式，以公式的方式解释自然现象。它解释自然的方式为：如果 x、y、z 等现象出现了，那么过程 E 将是结果。历史哲学犹如对二者的结合，一方面它像司法规律一样强调人对历史的绝对服从，另一方面它像自然科学规律一样以公式的方式解释人服从历史的原因。历史哲学对规律的阐释，其表述方式虽然不同于自然科学规律对自然现象的解释，但它的表述只是一种形式的变种。历史哲学通常这样陈述：我们只要服从这一规律，我们历史之未来就能达到更高级阶段，到那时每一个人都会获得全面而自由的发展，如果我们不这样做，我们将会毁灭；或者是，无论我们做什么，我们都在实现规律。

赫勒用司法规律和自然科学规律类比历史规律，表征了历史规律内在的科学性。历史哲学把发展认定为一条准规律，历史按照这种规律便能实现欣欣向荣的景观，赫勒认为这是历史哲学对历史之未来的一种设想。赫勒虽然不赞同历史哲学的这种推论，但她对历史规律的概括，对认识历史哲学本质与属性具有巨大的启发性意义。赫勒在陈述历史规律这一过程中，指出规律将走向一种对必然性的理解，若想更全面的掌握历史哲学对历史规律的认定，还需进一步理解必然性这一具有标志性的问题。

三、必然性：历史规律的内在形式

必然性从定义来看，是指事物发展变化中不可避免的和不以个人意志为转移的一般趋势。历史规律强调事物之间内在的、本质的和固有的联系，因此历史规律就意味历史发展过程中所具有的一种必然性趋势。赫勒认为历史哲学所设计的历史规律，从来不是一个自在的过程，其结构和程序不能轻易地被其他任何结构或序列替代，除了必然性这一结构和序列。赫勒把历史发展分为进步式、退步式和循环式三种模式，但发展本身都离不开必然性的解释，只是模式不同，对必然性的解释有所不同。进步理论和退步理论作为同一序列，与循环理论相比较，必然性对前者而言说明历史结构无法避免的序列；对后者而言必然性代表了一切可能的社会实体无法超越的界限。

雷蒙·阿隆和卡尔·亨普尔虽然对历史规律究竟存在与否表示相反的观点，但二者都没否认的一点是，规律就是对必然性的见证。雷蒙·阿隆否认历史规律的存在，他否认历史规律是因为他认为历史的庞杂性无法用实证的方式加以检验，人们只能认识局部的规律，因而非常重视社会中的经济规律。在他看来，各种关系在社会中都是共存事项，又是变化的条件，经济规律有助于规定历史发展方向。他引用奥古斯都·孔德的话，"规律就是共存现象或连续现象的一种恒长关系"①，某些经济规律如财富分配规律、社会英才规律，它们组成一个体系标志了一切时代和一切地区人类全体的必然性。对于历史发展，阿隆看重经济规律胜于历史规律的作用，但从他的论述中可以看出，他肯定了规律与必然性之间的内在一致。赫勒指出历史哲学正是运用了规律与必然性之间的内在一致性，从而使历史规律转化为必然性的形式。

不同于雷蒙·阿隆，卡尔·亨普尔一开始就非常认定普遍规律在历史中的作用，他视历史规律为科学性的规律，强调历史解释的目的在于表明历史不是偶然事件的堆砌，而是"鉴于某种先行条件或同时性条件而被料想到的。所提到的这种料想不是预言或占卜而是建立在普遍规律的假定之上的科学预见"②。既然历史发展不是偶然性的过程，而是一种得到科学证实的必然性过程，那么如何理解历史中的必然性与偶然性，对这一问题的回答是认识历史哲学有关历史规律的论述的关键步骤。由此，必然性与偶然性的二元结构模式成为赫勒阐释历史规律的一种路径。黑格尔在《小逻辑》中从实体、类、本质三种形式出发直接阐释了必然性的含义，黑格尔强调必然性判断是具有差别统一性的判断，这对认识历史规律中隐藏的必然性命题起到重要启示性作用。但对必然性的理解也可以从它的对立面，偶然性角度进行把握。

---

① ［法］雷蒙·阿隆. 历史的规律［D］//张文杰. 历史的话语：现代西方历史哲学译文集. 北京：中国人民大学出版社，2012：85.
② ［美］卡尔·亨普尔. 普遍规律在历史中的作用［D］//张文杰. 历史的话语：现代西方历史哲学译文集. 北京：中国人民大学出版社，2012：309.

赫勒对必然性的解释，就是从分析偶然性这一概念着手的。在她看来，历史哲学把历史看成按照某种规律发展的一种必然性结果，要想认识这一必然性，偶然性是切入点。赫勒并没有用过多的笔墨描述什么是必然性，但通过她对偶然性的陈述可以反观必然性的内涵。偶然性在《碎片化的历史哲学》中占用了一个章节，《碎片化的历史哲学》一共七章，开篇的第一章专门陈述了偶然性这一问题，而在《历史理论》中只对偶然性进行了四种分类，但是这四种分类作为必然性的对立面，足以理解必然性。偶然性简单而言，是指客观事物发展过程中可能出现，也可能不出现的趋势，赫勒却对此生发出四种解释。第一，偶然性可以指"某种非意愿或非故意的事物"，比如某人 A 在街上遇到了某人 B，这意味着 A 并非有意预见 B；第二，偶然性可以指"也许"，比如某人 A 问大家一道问题"你会碰巧知道这个事吗？"，听众可能知道，也可能不知道，那么这一偶然性就说明知识的在场或不在场；第三，偶然性可以指"例外""巧合"，强调事物不是按照习惯或通常的方式得以发生；第四，偶然性是指"冒险的""幸运的""造化的"意思，其句式常常表述为"让机会决定"。① 赫勒把偶然性归结为四种含义，不管她的解释是否具有道理，她用偶然性反衬了必然性。偶然性阐明历史发展的多种可能，那么它就意味着历史发展不是一个在规律控制下的不可逆的连续性过程。

　　然而历史哲学是不允许这种情况发生的，赫勒通过对偶然性的分析指明，历史哲学不管从何种意义上，都不能把历史发展看成是"非意图的""也许的""巧合的""造化的"过程。内在于"大写的历史"的法则、规

---

① ［匈］赫勒. 历史理论［M］. 李西祥，译. 哈尔滨：黑龙江大学出版，2015：254.

律，排除了历史事件曾经发生的、当下发生的和将要发生的偶然性。黑格尔就是最好的例证，黑格尔认为历史发展是一个合乎理性的过程，理性支配了历史从一阶段到另一阶段的变迁，理性存在世界历史中，这是一种真理。如果人们不具备理性思维，也至少应该相信，精神或理性确实是历史发展的起因。"理智、精神都不受偶然事件摆布""精神没有被上帝抛弃，一种神圣的意志和终极目的支配了历史。"① 赫勒指出黑格尔对理性的信守，即便历史中出现某种出乎意料的事件，黑格尔也会把这种偶然现象视作一种必然性的结果。如果历史被黑格尔陈述为偶然性的存在，偶然性也是作为一种必然性来理解的，赫勒如是说，偶然性具有的意义是相对于不是偶然性的事情而言的。黑格尔把理性、精神抬高到与上帝等同的位置，视其为推动历史发展的普遍法则和规律，指明世界历史的形成不是偶然事件堆砌的结果，而是必然性使然，赫勒对此过程的揭示，表明了历史规律内在的必然性结构。

赫勒以黑格尔的历史哲学为典型代表，从偶然性解释必然性，其方式方法并非独树一帜。早在赫勒之前，克罗齐在《作为思想和作为行动的历史》中论述必然性含义时，就是以偶然性为切入点的。但克罗齐并没有直接地使用"偶然性"这一词汇，他的理论是一种"若"哲学。克罗齐指出，历史哲学为了证明历史必然性，就提出禁止将"若"引入历史。"若"不是语法意义上的小品词，也不是一种警告或训诫，而恰恰是历史的和逻辑的"若"。② 赫勒承接克罗齐的"若"理论，把"若"改编为偶

---

① 黑格尔. 黑格尔全集. 第 27 卷第 I 分册《世界史哲学讲演录（1822—1823）》［M］. 刘立群，等译. 北京：商务印书馆，2014：27.

② ［意］克罗齐. 作为思想和作为行动的历史［M］. 田时纲，译. 北京：中国社会科学出版社，2005：13.

然性的四种含义，阐明了必然性是这一历史规律的转化形式。但不得不承认，不管是克罗齐还是赫勒，他们虽然揭示了必然性的含义，却在此基础上批判了历史哲学对必然性的拥护。赫勒在阐释历史哲学所谓的科学性的历史规律时，就表达出否定的态度，那么对必然性也毫无疑问地提出质疑。有趣的是，赫勒从偶然性阐明历史必然性的同时，又从偶然性批判了历史必然性。赫勒对历史必然性的批判，也是对历史哲学本身的批判，赫勒的这一批判顺应了她对历史意识的阶段性划分，顺应了时代的潮流，顺应了碎片化的大数据信息社会。赫勒把历史哲学与现时代特点相结合，重构为一种碎片化的历史哲学，从而开启了她研究历史哲学的旨趣，寄托了历史哲学的未来景象。

第四章

碎片化的历史哲学

　　《碎片化的历史哲学》是赫勒历史哲学"三部曲"中第二部曲的书名，赫勒以此作为中间环节，表达了她对历史哲学的认识，引导了历史哲学走向。《碎片化的历史哲学》承接《历史理论》第四部分内容，完成了其中没有详细说明的历史问题。从《历史理论》到《碎片化的历史哲学》出版，十一年的间隔，期内赫勒也研究过政治、道德、文化、伦理等诸多问题，但始终没放弃对历史本身的思考。一方面说明时代是历史中的时代，时代中的问题只有在大的历史格局下，才能得以更好地理解把握。另一方面，赫勒用碎片化修饰历史哲学，说明时代的当下性特征。赫勒认为这不是一个书写体系的时代，而是一个书写碎片化的时代。碎片化从二十世纪以来，逐渐成为文学和历史写作的重要体裁，赫勒将其应用到历史哲学研究中，在她看来，只有碎片化才能揭示和解释后现代历史镜像。

　　碎片化作为一种体裁，并不意味着任何历史书写都是零散的、无章法的、随意的、漫无目的的。碎片化在后现代主义视域中，看似无规可寻，实则有其通约的理路。赫勒按照这种通约，用碎片化解构传统思辨历史哲学，偶然性概念是她用以解构的切入点。《碎片化的历史哲学》分为七章，赫勒以偶然性为第一章，以在火车站为最后一章，火车站也即对偶然性的隐喻，三、四、五、六章分别讨论了理性、真理、康德、黑格尔。仔细推敲不难发现，赫勒的碎片化书写，实则从偶然性出发又回到偶然性问题。在这条复归的道路上，赫勒对偶然性的重视与历史哲学对必然性的强调分道扬镳，但对赫勒而言，偶然性在解释历史和引导历史时，其效应并不逊色于必然性这一角色的担当。赫勒把偶然性看成人类存在的一种境遇，视偶然性决定了人类历史命运，认为人类历史中充满偶然性。历史作为一种偶然性存在，就像一辆载着人类驶向未来的列车，列车没有终点，有的只是火车站上短暂的停留。

第一节　碎片化的理路

思辨历史哲学注重宏观地研究整体性的历史，赫勒通过描述这种整体的历史，以后现代理论进行了解构，目的是建构她所理解的碎片化历史。20 世纪 60 年代以来，后现代主义思想兴起，去中心、去整体、去元叙事的主张使人们发现一切固有的东西都烟消云散了。利奥塔、福柯、海登·怀特等后现代主义思想家，激发了赫勒的历史想象，他们让赫勒逐渐意识到，历史的当下正处于异质性时间和多维性空间中，黑格尔所推崇的具有总体性的世界历史，荡然无存。社会现实表面的碎片化特征日益显现，历史只有通过它的碎片化表象而得以确定。碎片的表面现象虽然瓦解了传统思辨历史哲学的历史期许，但碎片的表面现象恰巧解救了历史意识第六阶段的困惑，延续了历史哲学的生命。赫勒用碎片化定性历史当下，不过碎片化的历史并不意味着历史变得不可捉摸。赫勒在阐释这种碎片化现象时，有其独特的研究理路。那么赫勒以怎样的理路进行的阐释，赫勒从什么视角进行的阐释，赫勒基于什么逻辑进行的阐释，以及赫勒阐释碎片化时的核心命题又是什么，弄清这几个问题有助于弄清赫勒致力于建构的碎片化历史哲学。赫勒以质疑理性和真理的角度，基于现代社会的双重逻辑结构，用偶然性概念驾驭碎片化概念，揭示出人类自身命运存在的多种选择，历史的流动性取代了普遍的连续性。

一、碎片化的视角

在讨论历史性时，赫勒提出历史意识"六阶段说"，在她看来，历史哲学是历史意识发展到第五阶段的产物，随着第六段的到来，历史哲学面临被肢解的处境。赫勒从非理性与非真理的角度出发，看到历史哲学被肢解后变成了一种碎片化的历史哲学。站在历史意识的第六阶段反观历史哲学，既有的历史哲学思想已无法满意地回答人们亟待解决的社会历史问题，当下人类生活出现多重历史困惑。历史哲学走向一种碎片化的程式，已然成为历史趋势，并且只有碎片化才能重新整合历史哲学，使其改头换面，发挥余热。赫勒用碎片化形容历史哲学在历史意识第六阶段的状态，并非致力于消解历史哲学的历史价值与历史存在，而是试图摒弃"不合时宜的沉思"。

碎片化与整体性相对，它表征了一个时代的特征，按照赫勒的阐释，这不是一个书写体系的时代，而是一个书写碎片化的时代。赫勒对碎片化的体认，并非一蹴而就，20世纪以来，学者们从不同领域表达出相同的观点。年鉴学派在研究历史学时发现，以大写字母开头的历史被以小写字母开头的历史取代，历史由单数变成复数。单一的历史不能穷尽历史学研究领域，现在只有关于某一部现实的历史，而不再有关于全部现实的历史。历史学家不再弘扬普世价值，弗朗索瓦·多斯在《碎片化的历史学》中指出：历史学与空间结合使时间失去了绝对性，以独特性为标榜的现实世界变得越来越不协调，这样的现实世界从而让历史学家意识到探究历史整体性的愿景已陷入破碎。历史学家所说的全部历史，也只能代表极小部分现实。① 福柯赞扬年鉴学派在历史学方面促成的认识论转变，在《知识考古学》中福柯通过描述临床、疯癫、监狱等内容，总结到用唯一原则、意义、精神把万物组成一个整体结构，不再可能。"一部通史必将分散化开辟空间。"② 社会学家齐美尔从分析现代性货币哲学中，也同样看到碎片化的社会结构，他以"现实的偶然性碎片"为研究起点，提示人们"从生活的每一个细枝末节中发现其意义总体性的可能性"③。这就是说，现代社会生活多种多样的"瞬间图像"是考察作为整体社会系统或社会制度之可能的关键条件。

基于上述观点，赫勒站在相同的立场表明碎片化时代不可逆。年鉴学派、哲学家福柯及社会学家齐美尔在阐释碎片化时，都饱含了后现代主义的理论色彩，赫勒能有这种支持当然也依托于后现代主义理论。不过与之不同的是，赫勒是从历史哲学角度，而非史学、哲学或社会学等角度来探讨碎片化问题的。具体而言，赫勒这种后现代主义理论是在对理性和真理的诘难中体现出来的。赫勒从质疑理性和真理的角度，提出了碎片化历史

---

① [法]弗朗索斯·多斯. 碎片化的历史学——从《年鉴》到"新史学"[M]. 马胜利，译. 北京：北京大学出版社，2008：167-168.

② [法]弗朗索斯·多斯. 碎片化的历史学——从《年鉴》到"新史学"[M]. 马胜利，译. 北京：北京大学出版社，2008：169.

③ [英]戴维·弗里斯比. 现代性的碎片——齐美尔、克拉考尔和本雅明作品中的现代性理论[M]. 卢晖临，译. 北京：商务印书馆，第11.

哲学的主张。

理性的意义和真理的确定性，在西方传统哲学中占有至关重要的位置。经古希腊的柏拉图到近代的笛卡尔，再到现代的黑格尔，理性与真理成为主体自我认知和改造客体的决定性力量。柏拉图的"分离学说"，通过把可感的个别事物与理智可知的事物相分离，使理性成为人类探求真理的主要手段，为后世理性意义的扩张奠定坚实基础。在柏拉图看来，知识所知道的东西不同于意见所知道的东西。知识是真正的是者，意见是非是者，所是的东西必定是，不是的东西必定不是，是者也即理性的领域。福柯在考察癫狂与理性时，以知识考古学的方式指出，正是柏拉图把迷狂确立为理性发展的最高阶段。柏拉图对理性的重视所开辟出的道路，在近代笛卡尔那里得到进一步发挥。笛卡尔的"我思故我在"，可以说巩固了理性在人类认知真理过程中的作用，对笛卡尔而言一切知识都是不可靠的，都是可以怀疑的，唯有思想本身不可怀疑。思想是行为主体怀疑一切的发生体，思想自身是思想的活动，当主体运用思想活动进行怀疑时，主体自身不能怀疑"我在怀疑"。笛卡尔所说的思想，事实上就是理性。笛卡尔对理性的推崇，从而成为近代哲学唯理论的典型代表。笛卡尔作为理性主义有力的传播者，对理性的肯定，使其延续到黑格尔"绝对精神"。经笛卡尔推动，黑格尔把理性运用到世界历史哲学讲演中，可以说调和了笛卡尔的心物二元论。黑格尔使实体与主体合二为一消融在历史辩证法中，在黑格尔看来，理性、绝对精神是同一个东西，它们影响着世界历史的形成。

理性与真理按照柏拉图、笛卡尔、黑格尔这一脉络，逐渐发展为神圣不可侵犯的"逻各斯中心主义"。对大多西方哲学家而言，理性对真理确定性的意义，是考察知识的主要来源。但这一过程中并非意味着与之对立的"感性"学可以存而不论，一些哲学家发出需要"感性"的强烈呼声。正如马克思所言，资本主义生产创造出了与之相对抗的形式，遵循这一逻辑，理性自身的发展也同样创造出与之对抗的形式——感性。相比于理性，感性在西方哲学史中始终处于弱势地位，可是随着现代社会后现代主义思潮的不断兴起，后现代主义思想家为了打破传统哲学中的理性中心主义，感性、修辞、隐喻等内容逐渐占领历史舞台，非理性与非真理构成解构传统理性主义的主要手段。赫勒碎片化历史哲学思想的产生恰巧诞生于后现代主义思潮鼎盛时期，后现代主义对她产生巨大影响。她根据后现代主义理论以及当下社会现实状况，发现传统的理性主义已不能成为认识历史和解释历史的有效工具。现代社会的碎片化结构，从非理性和非真理的视角，更能得以阐释说明。

不同于利奥塔、德里达、福柯等后现代思想家，赫勒对碎片化的解读，其视角是通过质疑理性和真理生发出来的。根据上述陈述，持理性至上的哲学家从古至今为数众多，但赫勒对理性与真理的质疑不是泛泛而谈，黑格尔是思辨历史哲学的集大成者，因而她质疑的聚焦点落在了黑格尔历史哲学中的理性与真理观。赫勒在接受韦伯"合理性"思想的前提下，把黑格尔的理性与真理观改造为"赌博"和"猜想"。对韦伯来说，与其探讨理性与感性孰轻孰重的问题，不如探讨人类行为中的可预期性和合理性。人类理性行为不一定带来合理性后果，理性的也可是非合理的，非理性的也并非就是不合理的，因而人们需要重视的是一种价值合理性的东西。赫勒在肯定韦伯的基础上，进一步发挥了韦伯的主张，赫勒指出：

"黑格尔的'历史中的理性'没能使人满意。"① 在赫勒看来，赌博的合理性更应该代替历史中的理性，人们很难证明理性在历史中的所起的作用，但可以合理地证明他把全部的赌注都押在了理性上面。黑格尔视理性为推动历史发展的主要因素，这等于说他是一个参与"赌博"的当事人。黑格尔的下注引起哲学家们的注意，哲学家们就此围绕这一话题展开各种分析，不过不管哲学家们怎样分析，都无法揭开终极事物的真理，结论只能是一种猜想。赫勒以"赌博"与"猜想"的方式解构了黑格尔"历史中的理性"。对黑格尔而言理性构成世界历史形成的普遍准则，经赫勒解构，普遍性、整体性的历史势必走向一种碎片化的征程。

二、碎片化的逻辑

如果说赫勒阐释碎片化历史哲学的视角是通过质疑黑格尔的理性与真理产生的，那么可以断定的是，赫勒在理论上借助了一种后现代主义思想。除此之外，为了更有说服力地说明历史当下碎片化的不可逆性，赫勒还深入到社会实践中进行了详细地探究。这种探究赫勒早在1982年出版的《历史理论》中有过初步阐述，但直到1999年《现代性理论》的出版，赫勒才完成了全部解释。在这十七年里，赫勒的历史认识没有发生断裂，她基于社会历史结构的变迁，由浅入深地阐明碎片化历史哲学出现的原因。《碎片化的历史哲学》作为三部曲的中间环节，赫勒在这一书中重于呈现历史碎片化的特点，对原因的阐释没有进行过多的论述。结合《历史理论》和《现代性理论》，赫勒认为碎片化是历史意识第六段的一种表象，

---

① ［匈］赫勒. 碎片化的历史哲学［M］. 赵海峰，等译. 哈尔滨：黑龙江大学出版，2015：48.

是现代社会的一种格局，是伴随现代性社会动力而来的一种结果。历史之所走向碎片化状态，主要源于现代社会运行机制中的两种逻辑结构。

两种逻辑两种理路，二者之间的矛盾与不平衡，导致了历史由同质性转化为异质性，统一性转化为多元性，整体性转化为碎片性。在赫勒看来，前现代社会运行机制中的内在逻辑遵循同一律，历史按照同一个逻辑结构展开或崩溃，因而不存在历史碎片化状态。启蒙运动是区分前现代社会与现代社会的关节点，启蒙开启了历史运行的新机制，使社会内在逻辑结构由一元走向多元，或者至少可以划分为两种异质性形式。赫勒把启蒙看成现代性的动力，不过赫勒所说的启蒙类似于霍克海默所强调的"启蒙辩证法"，具有一种否定性精神。在赫勒看来，理解现代性的动力（启蒙）是理解现代社会格局的关键。赫勒以"启蒙"为根据，比较了两种不同社会的逻辑结构，目的是解释历史当下碎片化状态得以形成的原因。

具体到现代社会的两种逻辑结构，它们表现为市场与自由平等之间的矛盾，赫勒把这种矛盾称之为现代性的悖论。对赫勒而言，现代社会包含三种成分：市民社会、资本主义和工业。市民社会的相对独立性和自主性保证了私有经济的独立性，因此市场的普遍性便是现代社会运行机制中的第一种逻辑结构。市场作为买卖双方的交易场所，是社会分工和商品生产的产物。在赫勒看来，市场分工使男人和女人们以出售他们的能力，换取某个职位以及分配给这一职位的薪水维持生活。市场分工不同，男人女人各自的能力不同，人们换取的职位以及获得的报酬也将不同，因此自然而然地被划分出不同的等级。

马克思根据市场经济运转规律，把社会等级划分为两大阵营，一是资产阶级，二是无产阶级。赫勒承认现代社会固化的等级结构，但对阶级的认识，她接受了韦伯的科层制。她认为人们通过在等级性构成的体制中选择一个位置，从而在市场上分配他们自己。等级限制了人们的社会存在，为了打破这种格局，一部分人提出自由平等的口号，由此引申出现代社会的第二个逻辑结构，即自由平等的普遍化。第二种逻辑在权利的民主化、平等化和去中心化过程中可以自由地展开和实施。赫勒认为平等在现代社会中扮演三重角色：法律面前的平等、权利上平等以及机会均等。但现实的社会生活告诉人们，"不同技能或职业能力的分配给一个等级性地排他的空间，等级性地设置的职位也构成了命令和服从的纽带。"① 政治、权利、机会均等只能变成卢梭的"人生而自由平等，却无往不在枷锁之中"。人的自由是一种有限制的自由，若想获得全面自由发展只是徒劳。

第二逻辑与第一逻辑之间的矛盾张力，让赫勒意识到两种逻辑很难在现代社会中并行不悖地发展。现代社会若想维持稳定，除非保留一个逻辑舍弃一个逻辑。但在赫勒看来，现代社会之所以不同于前现代社会，正是因为社会内部蕴含了多重逻辑结构，任意一个逻辑将被消除的可能性微乎其微。在这一个矛盾不平衡的结构中，赫勒让人们逐渐明白现代社会呈现出的碎片化状态是历史的选择，是人们需要面对且不可回避的现实生活。

赫勒通过对现代社会逻辑结构分析，导出历史碎片化形成的原因，在两种逻辑比较中，赫勒把马克思的生产力理论归结现代社会运行机制中第一种逻辑表达。在赫勒看来，马克思对现代社会矛盾的审视，过于侧重市场生产力的决定性作用，过于轻视道德、自由、平等等第二逻辑结构在社会发展中的调节性功能。马克思把生产力视作全部人类历史活动的基础，

---

① ［匈］赫勒. 现代性理论［M］. 李瑞华，译. 北京：商务印书馆，2005：133.

但值得注意的是，马克思对生产力的强调并非忽视了生产关系这一上层建筑的反作用。在马克思看来，上层建筑包含了自由、平等等诸多意识形态，它们所能发挥的功能必须以生产力为前提条件。赫勒把现代社会历史的碎片化状态视作两种逻辑之间张力的结果，仔细推敲可以发现，赫勒的结论在某种程度上，也可归结为马克思所说的生产力与生产关系之间的一对矛盾。赫勒对现代社会的分析没有跳出马克思的理论框架，因此不得不说，赫勒通过对现代社会的逻辑分析，对马克思的审视有失偏颇。这一偏颇简单来讲，一方面源于二者所处的时代相差甚远，另一方面源于二者的人生追求有所不同。面对社会矛盾所带来的历史碎片化状态，马克思站在工业化早期，致力于用一种新的社会结构取而代之，建立一个统一性大同世界。而赫勒站在后工业时代，认为人们应该接受当下的历史现状，碎片化并不意味这个社会的功能失调，却恰恰反映了现代社会的生命活力。

三、碎片化的论域

赫勒视现代社会运行机制由两种逻辑结构组成，根据这两种逻辑揭示历史当下的碎片化状态，解释了碎片化历史哲学得以生成的原因。在此基础上，认识赫勒所探讨的碎片化本身，也是加深理解碎片化历史哲学的一个关键性问题。碎片化作为后现代理论的一种能指，在后现代思想的罩阖下，自身也有独特的问题域。如果不弄清这一问题域，很容易遭到一些人的责难。

从后现代理论出发，赫勒用碎片化概括历史当下对历史的审视。在一些反对者看来，碎片化打破传统历史哲学格局，使整体性丧失了价值和意义，对现代社会的重构，导致历史走向虚无主义。碎片化由于自身的规定性，一方面让人们对传统信仰产生怀疑，另一方面无法为现代人提供信仰出路，以使社会结构和社会价值置于一场混乱的时空场景。碎片化对传统理念的解构，对历史发展不仅没有起到积极的推动作用，反而构成一种破坏性力量。面对这种反对的声音，赫勒不像利奥塔、詹姆逊等后现代哲学家，提供明确的回应。在利奥塔、詹姆逊等人看来，碎片化不等于幻灭，也不等于对非合法的盲目肯定。碎片化表征一种历史状态，但碎片化并非致力于瓦解社会结构，目的是让人们认清历史当下的社会现实生活，从而建立维护人与人之间和谐交往的新秩序。有关碎片化的质疑，由于对碎片化本身认识的不充分，因而只能说进行了字面意义上的解读。赫勒虽然没有直接回应碎片化的质疑者，但从赫勒论及的碎片化不难发现，碎片化本身有其独特的问题域。掌握这一问题域，是明确赫勒历史哲学旨趣的必要条件。

"碎片化"意味着一切整体性的东西变成零散的单元格，各个单元格之间可能相互联系，也可能彼此独立存在，互不干扰。这种含义，经常让人把它与"天马行空"一词遥相呼应。事实上，从英文 fragmentization 原型来看，有的学者把它翻译为"片断化"，在历史哲学语境下，都旨在强调"大写的历史"的终结，转而关注"小写历史"。弗朗瓦斯·多斯作为一位马克思主义历史学家，在《碎片化的历史学》中指出碎片化谈论的主题涉及村庄、妇女、移民和边缘人群等小事件，不是人种学等重大宏观性问题。① 借此可以说，赫勒所谓的"碎片化"并不表征现代社会一切文化现象都处于杂乱无章的状态，杂乱不是现代社会应有之义，碎片意味着现

---

① ［法］弗朗索瓦·多斯. 碎片化的历史学——从《年检》到"新史学"［M］. 马胜利，译. 北京：北京大学出版社，2008：2.

代社会变成一种"小写历史"。小写历史替代大写的历史，强调的是小体系、小范围等方面的微观透视，而非大体系、大格局的宏大关怀。对赫勒而言，小写历史针对黑格尔历史哲学应运而生，黑格尔过分注重世界历史的形成，对小历史的忽视，从而引发各种社会生态危机。各个民族、各个国家有其独特的文化模式，并非只遵循一种统一的普遍的模式才能实现历史的目的。统一性或普遍性以压制排斥为生，结果是极端主义行为。

　　赫勒对大写的历史的否定，也即对整体性、普遍性和必然性历史的否定，正如利奥塔所言，元话语的非合法化。利奥塔在知识报告书中，把自己反对的元话语称之为精神辩证法、意义阐释学、理性或劳动主体的解放，或财富创造论。赫勒言语中尽管没有明确指出她对利奥塔后现代思想的继承，但从二者理论批判的着眼点可以看出，赫勒强调碎片化历史哲学，正是延续利奥塔对元话语或宏伟叙事的解构。利奥塔把知识的合法化定义为隐藏在叙事功能中的科学，"知识本来是建立在它牺牲自我的叙事基础之上"①，这样普遍性或整体性的历史便遭到多元叙事结构的冲击。赫勒从利奥塔最终强调的多元文化观，延伸出一种小写历史思想，在此基调上，又进一步把小写历史嫁接为偶然性的历史。如果说赫勒在《历史理论》的结尾点明小写历史是她理论的旨趣，那么在《碎片化的历史哲学》中，赫勒更加明确规定了这种小写历史。赫勒认为小写历史与偶然性相连，偶然性决定了历史存在的意义。因此，偶然性构成赫勒碎片化历史哲学的核心论域。

　　对于碎片化的界定，有人把它视为个别性，有人把它视为局部性，有

---

① 王岳川，尚水．后现代主义文化与美学［M］．北京：北京大学出版社，1992：29.

人把它视为差异性，赫勒却说它是一种偶然性。偶然性填充了碎片化历史哲学的内容。赫勒把偶然性定性为现代社会人们存在的条件，偶然性就像人的一种本质一样不可摆脱。在古典哲学家眼中，偶然性地位很低，低到被看作必然性的异化形式，是捣毁历史整体性的破坏性力量。黑格尔用目的论代替因果关系，得出偶然性从属历史的目的的结论，遭到赫勒反对。赫勒指出前现代社会可以不重视偶然性，但到了现代社会，偶然性对历史的决定性作用不得不加以重视。所谓目的、秩序或理性都是哲学家的主观想象，现实的生活中到处充满偶然性。人们生活在世，很多事情的发生和发展，都是偶然性起到推波助澜的作用。受偶然性影响，起初人们的行为和行动，可能是无意识之举，可当回顾和反思之时，不免心生感叹，偶然性提供了人们的选择权。哲学家的任务就是去研究和反思偶然性，而不是寻找一种必然性的知识，必然性就像上帝的指令，注定了人类在世的生活状态，但世界上没有什么知识是一劳永逸，永远可靠的。作为哲学一个分支的历史哲学，在现代社会，它的研究方向就应该从对必然性的热衷转向对偶然性的诉求。

第二节　从偶然性到命运

赫勒把偶然性作为碎片化历史哲学的核心加以探讨，在赫勒看来，偶然性是现代性的开端。偶然性问题始终没有得到传统哲学的重视，但是到了现代社会，偶然性必须得到关照。从思辨和实践两个角度观察宇宙与人类社会，不难发现，偶然性的价值尽管被传统哲学忽视，余力却一直没有消失。传统哲学可以不认同偶然性，但不能否定它的存在。在前现代社会，偶然性作为目的论的异化形式，遭到排挤，历史也就被视作神秘自然的隐蔽计划。然而，随着时间的推移，现代社会的到来，现代社会机制早已不同于前现代社会，目的论与必然性无法解释历史的多元社会结构，偶然性上升到学理高度。现代社会充满了矛盾、碎片和不确定性，偶然性对认识人类存在的状态，恰好起到了排忧解难的效果。偶然性随着现代社会的到来，逐渐变成一种显学，需要历史的当下加以关注，认真研究。基于历史当下，偶然性既是现代人的境况，也是决定人的本质的关键要素。借用萨特"存在先于本质"，赫勒的偶然性概念也能概括为"偶然性先于本质"。偶然性为历史提供多种可能，历史在偶然性的空间中，向人类敞开，使人类生活不拘泥于单一的普遍模式，呈现丰富多彩的文化景观。人们不管是男人还是女人，都能在现代社会中，依据自己的选择决定自己的命运，不用像中世纪的人类，生活在上帝的旨意中，把自己的命运交给上帝管理。

一、偶然性的两种体验

赫勒在探讨历史哲学时，为了论述历史哲学中有关历史之必然的理念，曾把偶然性作为对立面，通过比较省思了历史哲学的内在矛盾。在比较中，赫勒提出偶然性概念的四个维度，偶然性可以指"非意愿的发生""一种推测""例外、巧合"或"造化、幸运"。但到了碎片化历史哲学阶段，赫勒再谈偶然性，偶然性问题已超越概念层面，上升到两种存在性体验。赫勒把偶然性划分为宇宙的偶然性与历史的偶然性，指出偶然性在两种话语空间中存在两种不同的体验。

体验实则偶然性是否存在的问题。偶然性在宇宙的话语空间中可有可无，在社会历史的话语空间中具有实存性。关于两种存在式体验，宇宙偶然性与社会历史偶然性的区别，赫勒是以时间为关节点，以日常生活实践为标杆做出的结论。因此，两种空间两种体验，也可以归结为一种时间性和历史性体验。时间可以具象地归结为现代社会，赫勒按照时间序列，认为前现代社会与宇宙的偶然性相连，现代社会与社会历史的偶然性相连。前现代社会，哲学家关注的焦点是宇宙，致力于探索和回答宇宙的奥秘，强调宇宙的目的论避而不谈偶然性的存在。现代社会，哲学家把研究的重点从宇宙转移人自身，更加关注人所处的社会，看到偶然性在社会历史中的作用。

作为目的论的反面，赫勒指出偶然性是现代社会的标志，在现代社会之前，哲学从亚里士多德到黑格尔始终坚持宇宙目的论。亚里士多德第一个详细完整地描绘了宇宙目的论蓝图，亚里士多德注意到自然或宇宙不会做无目的之事，宇宙内部充满目的论。目的是事物实现自己本性的自然倾向，事物遵循这种自然本性努力实现其所是的样子，即便在实现自身的运动中受到某种阻碍，也只是巧合。赫勒透过亚里士多德的目的论，发现巧合或偶然被嵌入到目的论模式，每件无意义、无目的的事情都变成了有意义的东西。黑格尔承接亚里士多德的目的论，看到其中的缺陷，试图用偶然性改造目的论，却又陷入了新的目的论。黑格尔揭示宇宙中偶然现象的存在，但偶然性只是目的论的附庸属性。在黑格尔历史哲学体系中，理智和精神不受偶然性支配，目的论就像上帝的命令一样支配事物运动。赫勒看到黑格尔提及偶然性，却并没有充分认识到偶然性的决定性作用，因而偶然事件在黑格尔体系中只是一种表面事件。如果说前现代社会，目的论占据解释宇宙奥秘的主要位置，那么现代社会，偶然性已经取而代之，成为认识社会历史的有利法宝。

现代社会，随着哲学家对宇宙图式关注度的降低，对社会历史关注度的提升，偶然性意识以一种冲击的力量突然降至。赫勒用亚当夏娃偷吃禁果发现裸露的身体故事作为隐喻，投射偶然性在现代社会的爆发。隐喻相比于逻辑，哲学一直把逻辑推崇为逻各斯中心主义，贬低隐喻的价值意义。但海登·怀特在接受埃娃·多曼斯卡的采访中，不断重申隐喻被视为错误范畴是极其荒唐的认识。人们需要隐喻来表达比较复杂难解的问题，没有隐喻，就没有任何东西可以在简单陈述句中得到表达，隐喻具有逻辑不能完成的解释功能。赫勒借由亚当夏娃的故事作为隐喻，用裸体形容偶然性，说明偶然性意识到来的过程。裸体按字面理解代表着羞愧，偶然性意识就如裸体突然被亚当夏娃发现一样，带着羞愧走入人们的视野。这是一个解蔽的时刻，失去掩饰的时刻，获得真知的时刻。当偶然性从隐藏的领域走出，赫勒说偶然性的到来伴随着一种冲击的力量，但这是否意味着，偶然性以毫无征兆的方式突然暴露于世。偶然性可能在某个点突然爆发，但爆发一定是一定力量积蓄到某种程度才能得以产生的结果。赫勒所说的偶然性冲击，实则背后隐藏着一种历史过程，没有亚里士多德、黑格尔等人的宇宙目的论，偶然性也便不能随即而至。偶然性恰巧在现代社会这个点突然爆发，它也就不再置于一种表面化的地位，不再徘徊文化的边缘，而是朝着中心快速地移动。

一旦偶然性意识移动到中心，偶然性就出现在想象的中心点上。想象，在柯林伍德看来，其思维方式是一种知觉判断。因此可以说，赫勒凭借知觉判断解释了偶然性随着目的论的逐渐丧失，从宇宙的偶然性流变到社会历史的偶然性全过程。赫勒指出，宇宙的偶然性不是无历史的或者反历史的，但却是非历史的。宇宙的偶然性不是无历史的，因为历史地出现的东西都不是无历史的。宇宙的偶然性也不是反历史的，因为它既不肯定也不否定人的历史性。但宇宙的偶然性仍然是非历史的，因为从人的历史性之中显示不出偶然性和这个发现有什么直接的联系。因此，在现代社会中宇宙的偶然性意识能够被否决，但社会历史的偶然性意识不能被否决。

赫勒从理论与实践出发，总结到宇宙的偶然性是思辨之思，偶然性依赖于人的意识，是否存在视人们如何认识它而定，但社会历史的偶然性是人类日常生活实践的反映。社会历史的偶然性不是一个"自在概念"，断言"我们是偶然性的存在"的真实背后依靠着知觉判断。社会历史偶然性不能被思考、想象、知觉、诠释所废除，或者被任何思辨过程的思考行为或言语行为所废除。除非返回到一种前现代社会的安排，或发明出超于现代社会的新社会，否则社会历史的偶然性断不可贸然否定存在的价值。

赫勒把偶然性分为宇宙的偶然性和社会历史的偶然性两种体验，通过分析论述，最终指向了社会历史的偶然性问题。赫勒对偶然性的两种划分，可以说是以史的方式，重新梳理了偶然性在西方哲学视野中的流变过程。赫勒转化叙事方式，不过为了点明，"宇宙的偶然性"意味着传统西方哲学对偶然性的排斥，"社会历史的偶然性"意味着偶然性的价值在现代西方哲学，尤其是后现代哲学中的升温。赫勒创意性地提出两个新概念，无形中增加理解的困难，但终归没有跳出"史学"之外认识偶然性，也可以视作通过"语言游戏"的规则进行了一次历时性考察。赫勒说全部黑格尔学派体系都可以被描述为一种征服宇宙偶然性的巨大尝试，但参考克尔凯郭尔《哲学的片段》，必须要承认思辨的思考不足以真正的扬弃偶然性。考察偶然性，就要从宇宙空间回到社会历史空间，回到人本身。赫勒从偶然性的两种体验谈起，结果在社会历史领域中，定性偶然性为人类存在的一种境况。

二、偶然性与人的境况

通过对偶然性的两种划分，赫勒着重分析了社会历史的偶然性。对于社会历史的偶然性，偶然性作为一个存在的术语，与人的境况相关。偶然性是现代男人和女人生存的境况。赫勒在描述偶然性时，一个突出的特点是，经常用男人和女人而非人本身这个概念形容偶然性，这说明偶然性不分性别地适用于当下历史的所有人类。

偶然性作为人的境况，偶然性就不等于"意外的"，尽管偶然性与"意外的"有关。赫勒把偶然性与"意外的"区别开，是从本质与属性二元对立角度加以论述的。偶然性用来指明人的境况，作为一种存在的状态，赫勒认定偶然性是人的一种本质，"意外的"是习性或属性。赫勒举例说，一个桌子的颜色或一个国王的名字是意外的，不管桌子是白色的还是红色的，不管国王叫爱德华或查理，本质都是相同的。颜色或名字只是碰巧发生的意外，意外事件是非本质的却存有内在联系，因为桌子或国王必须有一个颜色或名字。颜色或名字可以赋予不同的内容，因此一个桌子或一个国王不管用何种颜色或何种名称加以概括，都是一种"意外的"事件。但偶然性不同，偶然性意味着不管桌子什么颜色，国王的名字是什么，事物本身不会随着规定性的不同而不同。偶然性指事物的本质，这个事物就是人本身。偶然性既然不同于"意外的"，那么赫勒所说的偶然性，也是一种必然性的偶然性。赫勒为什么用偶然性规定人的本质，却不使用必然性这一概念进行规定，根源上在于反目的论。

偶然性作为人的境况，偶然性不同于目的论。赫勒把偶然性与目的论区别开，是从多种可能与命运两种对立角度加以总结的。目的论强调事物总是努力朝其所是的样子不断向自身展开，是一种命定论。偶然性是说没有任何东西可以预见，即便凭借什么可以预知未来命运，人们根据这种认知也未必获得任何真知识。事物在向自身不断展开的过程中，存在多种可能性的路径，没有唯一的路径，路径不同最终"是什么"也就不同。没有任何力量可以预见命运，这是赫勒用偶然性而非必然性概括人的境况的主要原因。

偶然性作为人的境况，偶然性也是机会的反面。赫勒把偶然性与机会区别开，是从内在与外在两种对立的角度加以阐释的。偶然性不同于偶然事件，偶然事件相当于机会，赫勒认为机会是外在于人的，而偶然性是内在于人的。自古以来，只要一些偶然事件被认为影响了单个人或群体生活，偶然事件就成了人们加以崇拜或恐惧的力量。这种偶然事情可视作一种外在的机会，在人的头脑中成为命运的善意和命运的恶意，祝福和诅咒，好运和厄运的象征。偶然与机会相关，但偶然性不等于机会。一个人可以碰巧被幸运或厄运击中，但一个人不能碰巧的是偶然的，偶然性内在于人，进而一个人不得不内在地是偶然的。

赫勒基于本质、目的论与内在性，声称偶然性是人的境况，可见偶然性是内在于人的一种本质、一种存在。关于人的本质，不同哲学有不同的见解，赫勒为什么要把偶然性当成人的一种本质，这一问题可以从与马克思的类本质的对比中加以分析。马克思在1845年以前的手稿中，也大量地讨论过人的本质问题，在《巴黎手稿》中马克思把人定义为一种自由自觉的类存在物，在《关于费尔巴哈的提纲》中，把人的本质归结为一切社会关系的总和。从马克思对人本质的认识的流变中可以发现，马克思在讨论人本身时，始终贯穿着一条主线，即社会。马克思善于从人的社会性看待人的本质，与马克思不同的是，赫勒视偶然性为人的内在本质，是从人的出生角度进行规定的。赫勒讨论偶然性，也是基于社会历史而非宇宙这一框架下的讨论，但赫勒不像马克思，没有直接从社会本身出发认识人的本质，而是从社会日常生活经验出发，看到人的出生实则是一种偶然。赫勒假定一个人从遗传上就是被安排在社会生活中的。但男人或女人可以被安排到任何一个种社会中，而不是一个具体的生活，因而任何一个"新生儿都是被偶然地抛进一个特定的社会世界之中"①。这就是说，一个人生活在世，不管这个世界是古代社会还是现代社会，他只要被赋予生命，便降临到一种社会结构中。一个人出生在这种或那种社会结构中，都是一种偶然。人在任何情况下都不能选择出生，都被"抛到"社会。赫勒的这种观点也是吸取海德尔格"此在"之后的进一步发挥，显然赫勒不信守佛教三世轮回的命定说。

从人的出生直观偶然性是人的本质，与马克思从社会性定义人的本质相比，赫勒还不能一语道破人的本真性，因为用偶然性说明人的存在，无法解释动物这种类存在物的降生与人的降生在本质上有多大区别，动物的出生也可以看成一种偶然性。对于分析人的本质，赫勒阐读的力度显然不及马克思。因此，与其把偶然性规定为一种人的本质，不如说偶然性表征了现代社会男人和女人的生存状态。不过赫勒谈偶然性，旨意不在追问人

① ［匈］赫勒. 现代性理论［M］. 李瑞华，译. 北京：商务印书馆，2005：83.

的本质，在于描述现代社会的男人和女人生活在矛盾和不确定的境遇之中，从而反对人一出生就被命运所缠绕的终结论。但赫勒所说的偶然，旨在凸出现代社会中男人和女人的状态，非前现代社会中的男人和女人。前现代社会，男人或女人即便出生时是偶然的，但出生的那一刻，命运就已被安排。这种偶然不是真正的偶然，真正的偶然性强调人不能决定自己的出生，人出生后也不能预料自己未来的样子，人类在世充满多种可能。

偶然性成为赫勒碎片化历史哲学的核心概念，赫勒用偶然性概括人的境况，偶然性也就变成认识人、认识社会的解释性工具。偶然性可以帮助人们认识自身与周遭的环境，但对于人们如何行动、如何适应社会环境，还不能起到指示性和引导性作用。偶然性最终的落脚点又回到赫勒后现代视域中的多元论决定论。

三、偶然性先于本质

既然偶然性是人的境况，那么作为偶然性的人，人的出生具有一种偶然性，人的命运也将随着这种偶然性变得不可捉摸。不可捉摸不是说赫勒在看待人从出生到死亡时包含着悲观主义精神，反而乐观地认为正是因为每个男人女人起源的偶然性，人自身能够成为自己命运的主人。但是一个人所不知道的恰恰是他的命运。赫勒为什么一方面强调每个人的命运由自己掌握，另一方面又说人们无从知晓自己的命运？对于这一问题，赫勒通过比对前现代社会和现代社会的男人女人生存状态，并借助萨特的存在主义哲学回答了上述疑惑。萨特曾提出"存在先于本质"的口号，赫勒引用萨特主张，虽然没有明确地把萨特的这一口号改装成"偶然性先于本质"。但"偶然性先于本质"这一论断，恰能概括赫勒想要表达的思想。

赫勒本人并不欣赏前现代社会的组织结构，因为前现代社会男人女人的出生表面上看出于各种偶然性，实则是一种必然性。这里的偶然性赫勒把它看成必然性，是与命定论交织在一起的。"在前现代社会格局中，一个人通过偶然性的出生被抛进等级化社会的一个阶层中。每一阶层都有一个内在的目的。"① 也就是说，一人出生后将被锁定在一个固定的阶层结构，并因此获得自己的命运。如果一个人是作为奴隶被抛到这个社会的，他或她的一生就注定要过奴隶式生活。社会化意味着这个人所习得的全部内容包括语言、行为模式以及使用物品等，都是作为一个奴隶所应该掌握的基本技能。如果一个人是作为贵族被抛到这个社会的，他或她的一生将与奴隶大为不同。社会化意味着这个人的行为举止，生活方式都是作为一个贵族所享有的权利。虽然都是偶然性的出生，但一个人命运随着生命的降临被安排，被控制，被禁锢。

描述了前现代社会人的生存状态，赫勒转接提到现代社会男人女人的生活境况。对赫勒而言，现代社会男人女人出生的偶然性，才是真正的偶然性。一个人被抛到一个社会，就好比一封信被随意地投入一个邮箱，但信封上没有写明地址。男人女人偶然地出生在这样一种社会结构，意味着他们不像前现代社会中人，一出生就固定在了某个阶层。人们不再是生而为奴注定为奴，生儿为贵注定为贵，自己可以为自己的信封写上想要投递的地址。赫勒为什么青睐于现代社会的偶然性，高扬现代社会为开放的社会，蔑视地指责前现代社会为禁锢的社会。仔细推敲不难发现，其中的奥妙在于赫勒以自由为衡量前现代社会结构和现代社会结构的标准。"无论

---

① ［匈］赫勒. 现代性理论［M］. 李瑞华，译. 北京：商务印书馆，2005：83.

好坏，被抛进一个不能获得定命的世界中都意味着被抛进自由之中。"①赫勒认为前现代社会格局好比一个金字塔，那里没有自由，有的只是戒备森严的等级，现代社会是一个对称的结构，自由是人们交往的基本准则。因为现代社会有了自由，所以偶然性出生的人们不会被束缚在某一阶层，可以选择自己出生后的命运。人们仍然被抛进一个文化、语言和习俗相互交织的社会之网，社会之网起到结合的作用，而不是制约性作用。偶然性的人不再获得生命的道路，相反获得一个能够借以跳起的蹦床——向前、向后、向上、向下，或者偶尔地停在蹦床不动。

所以赫勒提出偶然性是人的情况，最终是为了说明，偶然性赋予生活多种可能。一个人的命运是自己选择的结果，没有哪种生活是理所当然的。这种理念也是萨特一直强调的"存在先于本质"，先有存在后有本质，存在决定本质，一个人是什么样子取决于他选择什么样的生活方式。"人就是人，这不仅说他是自己认为的那样，而且也是他愿意成为的那样——是他（从无到有）从不存在到存在之后愿意成为的那样。"② 萨特的这句名言应用到赫勒所说的偶然性，也即"偶然性先于本质"。

偶然性先于本质，偶然性决定了本质，偶然性的人，偶然性的人生。人的本质依赖人们自己的选择。男人女人变成自为的存在，而不是自在的存在，这是赫勒和萨特认识偶然性时具有的一致性。萨特也强调偶然性是最根本的东西，但萨特强调偶然性是建立在他的存在论基础之上的，不像赫勒谈偶然性是以现代社会的自由理念为基准。萨特把存在分为自在和自

---

① ［匈］赫勒. 现代性理论［M］. 李瑞华，译. 北京：商务印书馆，2005：85.
② ［法］萨特. 存在主义是一种人道主义［M］. 周煦良，汤永宽，译. 上海：上海译文出版社，2012：7.

为两个维度，萨特认为自在和自为不是两个独立的领域，是存在本身最根本两种存在模式。自在与自为交葛在一起，互为对方存在的必要条件。自在是一种无意识的存在，自为是一种有意识的存在，正是有意识的存在，让人意识到否定、虚无和偶然性。否定、虚无和偶然性作为存在的对立面，属于非存在，萨特指出有存在就有非存在，非存在紧随存在，非存在是对存在的超越。因此偶然性也是对存在的超越，偶然性规定了存在。萨特的研究者克里斯汀·达伊格尔指出，萨特对偶然性的认识，主要体现在他的小说《恶心》当中，《恶心》可算是对存在的偶然性以及人类如何应对这一偶然性的最生动的描述。① 偶然性并非错觉，可能消失的存在，偶然性是一种绝对。萨特对偶然性的肯定，让他得出人的存在完全是偶然的，偶然性是人存在的正当性的保障，人的存在没有必然性。

赫勒谈偶然性显然挪用了萨特对偶然性的阐释，但还要说明的是，赫勒与萨特存在三点不同。首先，她对偶然性进行了两种体验式的划分，认为偶然性分为宇宙的偶然性和社会历史的偶然性，并重点强调了后者，但萨特没有做出这样的划分。其次，赫勒谈社会历史的偶然性，又从前现代社会与现代社会的对比中，把偶然性视为人的一种境况，而萨特显然不无区分地把偶然性应用到所有社会结构。最后，赫勒的偶然性观点是从实践角度进行的思考，而萨特的分析更多地建立在思辨的逻辑的立场。赫勒以更加细腻的手法，解释了偶然性与人类存在的关系，这是萨特所不及之处。但二者面对偶然性，主旨都落脚于每个人的命运都是自己选择的结果，人要学会对自己负责。在赫勒看来，尽管未来不可知，但人们的命运

---

① ［加］克里斯汀·达伊格尔. 导读萨特［M］. 傅俊宁，译. 重庆：重庆出版社，2015：43.

不会被禁锢在某一阶层，人们可以在整个社会结构中追随自己的意愿上下流动。

第三节　作为偶然性的历史

偶然性被赫勒定义为人的境况，众所周知，人与历史是不可分割的整体，因此偶然性也可视作一种历史境况。赫勒从偶然性的内涵，建构起偶然性与人的关系，就是要阐明历史中的偶然性。偶然性是赫勒碎片化历史哲学的核心概念之一，赫勒基于后现代视域的审视，促使偶然性填充了"后现代""碎片化"等空泛的概念，从而驾驭起全新的历史观。赫勒所搭建的新的历史大厦，以偶然性为基座，在反对普遍历史观的前提下，与历史的必然性、目的论和终极事物等相关内容形成反比例结构。赫勒越是强调历史中的偶然性，越是降低历史的必然性、目的论与终极事物的合法性。"普遍历史"的合法性遭到赫勒的重创，不过赫勒的抨击并没有表现出极端的态度，而是以温和的方式进行了否定。赫勒的否定是以"不肯定"的立场进行表达的，也就是说由于历史中存在多种偶然性，历史是否必然地遵循既定目的走向终点，是哲学不能盲目地做出结论性概括的。赫勒把作为偶然性的历史，归结为一种存在论，而不是认识论或本体论，得出看待历史的三种视角。她认为普遍历史强调的"如此这般"有些学者给予赞同，有些学者给予反对，还有些学者存而不论。在三种视角下，赫勒选择对"普遍历史"保持沉默，但无形中还是确立自身的历史观。赫勒无法逃离历史哲学的叙事模式，因为她的结论是历史不存在终点，只存在当下。

一、普遍历史遭到瓦解

赫勒从人的偶然性看到历史的偶然性，这就与汤因比等之前的历史哲学思想形成鲜明对比，再一次使"普遍历史"观遭到瓦解。赫勒不是第一个瓦解"普遍历史"的思想家，即便把马克思的历史思想视作思辨的历史哲学，其中也不乏对普遍历史的批评和反思，尼采也对普遍历史有很大的冲击，20世纪60年代以来，阿隆等人的思想也都对"普遍历史"进行了批评。只是赫勒解构"普遍历史"的过程，偶然性首当其冲地成为主要利器。"普遍历史"也即赫勒常常提起的"大写的历史"，作为历史哲学的核心范畴，它是赫勒在阐释历史哲学的内涵和外延时明确概括的观点。思辨的历史哲学家们研究历史时，择取的切入点有所不同，但都体现了同样的历史关怀——对"普遍历史"的追求和向往。赫勒在研究历史本身的过程中，对历史哲学的总体性做出了最为详尽的阐述，在此基础上，对历史偶然性做了雷蒙·阿隆之外最为淋漓尽致的阐发。

自维柯创建历史哲学以来，维柯的历史思想成为启蒙时期大多哲学家认识历史和改造历史的指南针。维柯把历史从奥古斯丁的"天上之城"转到人类创造的"世俗之城"，历史也就被划分出三个阶段，每一阶段分别对应着神的时代、英雄的时代以及人的时代。维柯认为人类历史起源神的时代，经过英雄时代，走向人之为人更为进步的时代，这是所有民族都要经历的过程。维柯试图为人类历史的"世俗之城"创造普遍遵守的法则，不过没有黑格尔和马克思等人的继承，维柯的思想也很难得以源远流长。面对维柯思想遗产，黑格尔与马克思在继承的理路上发生分歧。二者最大的区别在于，黑格尔以唯心主义方式加以继承，马克思则以唯物主义方式加以继承。至于唯心还是唯物，哪种方式更能全面表达维柯的思想，无法一言以蔽之。

黑格尔的一个核心信念——相信历史有某种意义，按照这种思路，黑格尔清晰阐述了他认为的整个人类历史的方向和目标：世界历史不过自由意识的进步罢了。为了更透彻地说明其思想，黑格尔用精神、理性和自由三个概念贯穿始终，具体考察了中国、印度、波斯、希腊、罗马与日耳曼民族。黑格尔的特点是将历史观引入对所有人类事物进行检讨研究，从而处处揭示各个民族发展不可逆的时间流程。黑格尔指出，中国等东方世界只有一个人即统治者是自由的，希腊世界尽管存在奴隶制但此时有一些人变成自由个体，罗马世界对个体自由的认可纯粹是法律或形式上的自由，只有日耳曼民族才使自由观念达到顶点，让每个个体都能自由地运用理性的力量去判断真理和善。"世界历史的终极目的是精神对他的自由的意识，因此是这种自由的最圆满实现。"① 黑格尔的这种思想流传到马克思，马克思的历史唯物主义也重视自由在历史发展过程中的影响力。"代替那存在的阶级和阶级对立的资产阶级旧社会的，将是这样一个联合体，在那里，每个人自由发展是一切人的自由发展的条件。"② 不过马克思没有沿袭黑格尔看待历史的路径，用物质、感性活动和生产等概念置换黑格尔的精神和理性，重新省思了全部人类历史自由发展过程。马克思评判地指出，黑格尔的历史观是思辨、逻辑与抽象的表达，并没有解释清楚现实的人类历史生活，然而，只有在现实的世界中并使用现实的手段才能实现真

① 黑格尔. 黑格尔全集：第 27 卷第 I 分册《世界史哲学讲演录（1822—823）》［M］. 刘立群，等译. 北京：商务印书馆，2014：78.
② ［德］马克思，恩格斯. 共产党宣言［M］. 中央编译局编译. 北京：人民出版社，2009：50.

正的自由。现实历史向世界历史的转变，不是自我意识、精神某种抽象的行动，而是完全物质的。马克思把物质化作生产力，用生产力与生产关系阐释了历史自由进步的行程。

尽管黑格尔与马克思看待历史、叙事历史、引导历史的总体法则存在巨大差别，但不可否认的是，二者都以历史的自由进步为终点，创制了维柯倡导的"普遍历史"法则。黑格尔解释道："普遍东西必定作为一种现存东西被设定起来，在自我之内作为内在的普遍东西被设定起来。"① 这就意味着各民族国家的发展都将经历同样的过程，虽然发展进度和程度有快有慢，但差异只是先后的问题，而无质的区别。在"普遍历史"主导下，历史的必然性、历史的目的论、历史的终极事物等问题开枝散叶，为不同的历史哲学家所关心。普遍历史能否构成各民族国家发展的统一性，在黑格尔和马克思所处的时代是确定无疑的，但到赫勒的时代，赫勒的观点打破了沉寂已久的"通约"。

赫勒质疑思辨历史哲学对"普遍历史"的追求，这就与黑格尔的绝对唯心主义历史观发生分歧，也与马克思的历史唯物主义发生分歧。赫勒反对一切宏大叙事，因为她看到后工业时代的多元化结构。多元化结构和现实的历史境况使赫勒很难再信守维柯、黑格尔以及马克思的历史哲学思想，她倾向福柯、雷蒙·阿隆的历史观，认为碎片化才是描述历史哲学最好的形容词。在具体解释碎片化历史哲学时，偶然性这一概念是赫勒的有力武器。赫勒阐释到人的出生充满多重偶然性，人出后的命运也充满多重偶然性，那么历史发展过程中的偶然性也必不可少。作为偶然性的历史，

---

① 黑格尔. 黑格尔全集：第27卷第I分册［M］. 北京：商务印书馆，2014：75.

赫勒尽量避免进行历史叙事，因为叙事一旦发生，不管是大叙事还是小叙事，历史便无法逃离思辨历史哲学的场域。最好的出路就是对历史存而不论，为历史的"是"与"应该"保持沉默。"一个人应该宁可对于这个终极的事物保持沉默——这就是他们的选择。"① 赫勒不愿收集证据说明作为偶然性的历史"是什么"或"应该如何是"等问题，而宁可选择沉默，那么由此引申出新的疑惑，赫勒是怎样做到为历史保持沉默的，以及赫勒能否真的做到为历史保持沉默？

二、为历史终结保持沉默

作为一种偶然性的历史，赫勒的历史阐释与马克思主义的历史思想大相径庭。赫勒解构了"普遍历史"之思，马克思是其中的一部分，那么赫勒解构的行为也是有意针对马克思主义的历史思想而为之。赫勒认为只有为历史保持沉默，或者更具体地说为历史的终结保持沉默，才能恰当地处理好马克思主义历史思想的不足。这里暂且放下赫勒能否为历史保持沉默这一事实不谈，先从赫勒是如何为历史保持沉默谈起。

在马克思主义基本原理中，偶然性与必然性是唯物辩证法五对范畴中的一种。马克思主义基本原理为了论述世界的普遍联系与永恒发展提出偶然性概念，不过偶然性是作为补充说明历史永恒发展的必然性而存在的。马克思在致库格曼的信中指出："如果'偶然性'不起任何作用的话，那么世界历史就会带有非常神秘的性质。"② 随后恩格斯在《自然辩证法》中进一步补

---

① ［匈］赫勒. 碎片化的历史哲学［M］. 赵海峰，译. 哈尔滨：黑龙江大学出版社，2015：54.

② 马克思，恩格斯. 马克思恩格斯文集：第10卷［M］. 北京：人民出版社，2009：354.

充道："自然界包含着各种各样的对象和过程，其中有些是偶然的，另一些是必然的，这里重要的只是不要把这两类混淆起来。"① 按照马克思主义基本原理的定义，"必然性是指事物联系和发展过程中一定要发生、确定不移的趋势。偶然性是指事物联系和发展过程中并非一定确定发生的，可以出现，也可以不出现，可以这样出现，也可以那样出现的不确定的趋势。"马克思主义基本原理在区分偶然性与必然性的基础上，论述了二者的辩证关系，强调必然性存在偶然性之中，偶然性背后隐藏着必然性，并为历史发展的必然性服务。"在历史的发展中，偶然性发挥着作用，而在辩证的思维中就像在胚胎的发展中一样，这种偶然性融合在必然性中。"② 因此，马克思主义基本原理通过定义必然性与偶然性，为认识事物的永恒发展提供辩证的思考方式，以防任何一种绝对化或偏激性认识。

赫勒有意夸大偶然性在历史中的作用，免不了流露出与马克思主义基本原理针锋相对之意。赫勒对马克思主义的反对，也是一些学者把赫勒的碎片化历史哲学归类为后马克思主义的一个主要原因。后马克思主义俨然与马克思主义发生巨大断裂，但赫勒的碎片化历史哲学与之不同的是，赫勒有关马克思主义的论述只寥寥几笔地出现她的三部曲中，并没有进行全面且详细地概括。无论是理论来源还是理论全景，赫勒与拉克劳和墨菲的思想存在巨大差异，相比于拉克劳和墨菲的领导权理论，赫勒的后马克思主义思想更多地体现在碎片化历史哲学之中。所以当赫勒再谈偶然性时，偶然性与目的论变成了一对矛盾的正反两面。赫勒改造了马克思主义基本

① 马克思，恩格斯. 马克思恩格斯文集：第 9 卷［M］. 北京：人民出版社，2009：477 - 480.

② 马克思，恩格斯. 马克思恩格斯文集：第 9 卷［M］. 北京：人民出版社，2009：485 - 486.

原理中偶然性与必然性的对立统一关系，从偶然性反对历史的目的论出发，落脚于历史的终极事物或历史的终结这一问题上。对于这一个问题，首先需要回顾下她论述的"历史中的偶然性"。

偶然性是如何在历史中发挥作用的呢？赫勒与福柯和雷蒙·阿隆一样，都非常重视偶然性在历史中的作用，尽管在观点上保持一致，但具体的研究方式存在巨大差别。赫勒从存在论出发，福柯等人是从历史材料出发，共同指向偶然性影响着人们对历史的一般认识。不过赫勒晦涩的存在论不易让人由浅入深地加以认识"历史中的偶然性"，借助福柯和雷蒙·阿隆的阐释方式，更有助于理解赫勒对偶然性的强调。福柯的偶然性理论是为了打破传统唯理论的价值，突出非理性的意义而展开的讨论。福柯说17世纪以前人们并不把癫狂当做疾病，反而把它视作理性发展的最高形式，直到17世纪的一个偶然事件的发生，才从根本上转变了人们的观念。17世纪中叶，法国肆虐已久的麻风病突然灭绝，闲置下来的病院被法国政府用来扣押疯人和罪犯，于是癫狂成了需要特别关注的对象。18世纪法国大革命之后，癫狂被正式纳为"精神病"的一种。在福柯看来，这种偶然事件说明癫狂是通过非理性得以确诊的，在相当长的历史时期，癫狂都不被当作是应受理性管辖和匡正的疾病，只有在特定的历史条件下，癫狂才能被视为危害社会的罪恶。"各种事件所能显示的仅仅是一种偶然的决定论，而不是与我们知识不够完善有关。"① 雷蒙·阿隆在《知识分子的鸦片》中的这种观点，意味着历史发展的普遍过程，总是容易受到外界各种突然因素影响，从而引起出乎意料的结果。偶然性虽然无法预知，但确确

---

① ［法］雷蒙·阿隆. 知识分子的鸦片［M］. 吕一民，顾航，译. 南京：译林出版社，2005：169.

实实是历史发展过程中不可忽视的一个方面。

福柯和雷蒙·阿隆对偶然性的解释，凸出了偶然性对普遍历史的影响，这也是赫勒想表明的态度，但是赫勒的解释更为复杂。因此，在此知晓福柯和雷蒙·阿隆观点的基础上，再来认识赫勒"历史中的偶然性"会变得比较轻松。赫勒指出"历史的偶然性"属于存在论，而不是本体论或认识论。"历史的偶然性"也可以归结为"历史中是否存在偶然性"，这一问题有三种解释，赫勒把三种解释比喻为一场赌博，人们可以赌历史中存在偶然性，也可以赌历史中不存在偶然性，或者不参与这场赌博。如果人们赌历史中不存在偶然性，那就是黑格尔与马克思的历史哲学思想，他们终生秉持历史规律和目的论。但是从当下来看，这样的历史认识已经很难让人完全地信服了。"马克思设想一个人类种族，通过创造它自己，实现历史的目的，这种存在的选择的神话性扩展不起任何作用。"①

赫勒反对把赌注压在这种存在论选择，进而提出把赌注压在"历史中存在偶然性"这个论断上。赫勒指出，如果人们认为历史中存在偶然性，这个偶然性与目的论相对抗的问题可以被视作人类中心主义。只有存在者才问存在的问题，只有存在者才打赌。存在者被抛入历史，历史成为人们被抛入的地点，那么历史就不构成一种叙事的历史，而完全变成一种境况。人们在历史中不需要关注历史的本质、历史的构成、历史的走向等问题，只需关注自身的境况足以。因为一旦人们关心历史本身，历史都会变成一种叙事的历史，不管是宏大叙事还是微小叙事，都是一种历史哲学，而不是一种历史境况。但是人们真的能够做到不关心历史本身吗？赫勒的

---

① ［匈］赫勒. 碎片化的历史哲学 ［M］. 赵海峰，译. 哈尔滨：黑龙江大学出版社，2015：50.

回答显然是否定的。赫勒看到这场赌注的矛盾，因而提出第三种解决办法，那就是不参与这场赌博，既不赌历史存在偶然性，也不赌历史中不存在偶然性，而是为历史保持沉默。"一个人应该宁可对于这个终极的事物保持沉默——这就是他们的选择。"① 避免各种问题出现的最好方式是不参加这场赌博，但赫勒是否做到了为这个终极事物保持沉默了呢？

赫勒视偶然性是影响"普遍历史"观的重要因素，这样的赫勒，便与马克思主义基本原理中对偶然性与必然性辩证关系的强调背道而驰。不可否认赫勒的偶然历史观，是基于历史当下的产物，但不管赫勒怎样论述，赫勒的阐释也不能动摇马克思主义基本原理中所强调的辩证关系。因为马克思主义基本原理作为一种方法论原则，它教会人们学会全面地分析历史本身，以防任何一种片面化和绝对化的倾向。

三、历史终结何以可能

赫勒把"历史中的偶然性"看作一种存在论，从而提出三种思考的角度，并提出克服任何历史偏见的方式就是选择一种理想模式，即不参与这场争辩的赌博——"为历史的终结保持沉默"——以免人们为了这场赌博压上全部的生活、幸福和自由。但赫勒自己真的做到为历史终结保持沉默了吗？显然不是的，赫勒否定了她提供的理想模式，在她看来避免这场赌博的哲学表现是相对主义，相对主义属于思想懦夫。赫勒拒绝了理想的模式，通过参与这场赌博，把她的全部赌注压在承认历史中存在着偶然性。赫勒一方面视历史为人类生存的境况，另一方面更侧重小型叙事的历史。

---

① ［匈］赫勒. 碎片化的历史哲学［M］. 赵海峰，译. 哈尔滨：黑龙江大学出版社，2015：54.

"不同种类的小叙事能被构成，能从玩弄万花筒中召唤出色彩丰富的镶嵌画，而且它们中没有一个将对前面的和后面的图案做什么。"① 赫勒对小叙事情有独钟的青睐，让她注意到现实生活的多种多样，却一直被普遍叙事或大叙事蒙蔽。

普遍性的叙事无论是拯救型还是诅咒型，都意味着一种制度或一种社会结构的潜能可以被描述，可以作用于现实的发展路径，而不必在意通往这条具有"目的"性的道路上异质性东西的存在。普遍性的叙事自始至终渗透着目的论，赫勒指出这样的叙事从一开始就取消了对理性和意义的怀疑，把目的论设置为无限制的思辨的需要。理性、意义或目的都是思辨哲学的基础问题，除此之外，更为基础的问题就是关于终极事物的基础问题。赫勒视终极事物为思辨哲学最为基础的问题，终极事物在赫勒的语境中，也可以理解为历史的终结。赫勒把历史的终结与偶然性连接在一起，在强调偶然性的决定性作用基础上，指出普遍历史叙事怎能牢不可摧。正因为偶然性影响着现实历史走向，所以人们不能为历史的终结保持沉默。由此引申出的问题是，赫勒倡导不应该为历史的终结保持沉默，那么历史终结于何时何地，历史的终结点在哪里？

思辨的历史哲学一直试图解开历史的终结点，在赫勒看来，这不过一场语言游戏，它们中的任何一种结论都不过一种理性的猜想，不具有普遍真理效应。碎片化历史哲学与之不同的是，它一直"参加这个终极事物而没有揭开这个关于终极事物的真理"②。这恰恰是历史偶然性的表现，因为社会历

---

① ［匈］赫勒. 碎片化的历史哲学［M］. 赵海峰，译. 哈尔滨：黑龙江大学出版社，2015：53.

② ［匈］赫勒. 碎片化的历史哲学［M］. 赵海峰，译. 哈尔滨：黑龙江大学出版社，2015：53.

史中到处弥散着偶然性，所以历史的终点是历史当下男男女女无法预测的结果。赫勒不否认历史总有一天会走向终结，但具体的终结点尚不可知。只要人类生命不断延续，历史就一定存在，历史的终点也就迟迟不来。

关于历史的终结，一直是学界讨论的热点之一，一些哲学家认为当意识形态终结时，历史就终结了，一些科学家认为数十亿年后，太阳行将燃尽，人们必然面临无可逃避的终结。面对这种论调，赫勒从碎片化历史哲学的角度重新审视"历史终结"，她的观点与德里达非常相似，与福山恰巧相反。德里达涉及的"历史的终结"，与他的历史"延异"具有内在的相关性。按照德里达的解释，延异的含义是差异与延宕的结合。德里达通过分析语言的不确定性和意义的不稳定性，宣称延异作为这种不稳定性的证明，各种事物所具有的意义也将是一个持续变化的过程。意义的不断延宕，影射出"历史的终结"不过一场语言游戏，历史本身不会终结，或者某种历史概念不会终结。这一观点，正好与福山相反。福山坚定地强调历史已经走向终结，他所谓的"终结"更多的是一种历史概念的终结。

德里达和赫勒为什么要提出这个问题，事实上，是对福山《历史的终结和末人》做出的一个回应。福山认为历史已经终结，因为西方的自由民主制度战胜了马克思的共产主义，成为人类最后一种统治形式。换句话说，福山把资本主义看成历史发展的最后一个阶段，视资本主义的民主制度是超越之前任何一种政体的完美化身。前现代社会之所以由繁盛走向没落，源于体制内存在严重缺陷，而自由民主制不存在任何根本性矛盾，成为社会历史最高以及最后一种形态。福山的大胆言论，在 20 世纪八九十年代的欧洲赢得很多追随者，但很快就出现越来越多的反对者，认为事实根本没有如此简单。

对于福山的"历史的终结"论调，德里达和赫勒表示了强烈的反对。德里达以咄咄逼人的口吻追问道，共产主义在欧洲被瓦解了，但并不能说明自由民主以及与之相伴随的资本主义体系已经获得了胜利。自由民主带来自由市场经济，但对于引起的可能的变化，总是让人喜忧参半。德里达在《马克思的幽灵》一书中严肃批评了福山，以证明福山的观点不过一种意识形态的骗局，是新兴权力对政治反对派的镇压。德里达坚持认为福山的历史终结只是一种历史概念的终结，因而他所要做的是把共鸣、苦难和希望连为一体，返回到马克思和马克思一直关注的问题，承认马克思精神和幽灵的存在。赫勒和德里达一样反对历史的终结，但她没有根据德里达的路径返回马克思。如果说德里达从语言学角度看到"历史终结"这一概念的不确定性，那么赫勒更多是从碎片化历史哲学中发现历史本身不会终结。福山得出终结观点，"并不指一个个事件的发生，而是指历史，指一种在所有人在所有时期的经历基础上被理解为一个唯一的、连续的、不断变化的整个过程。"① 这就意味着，福山从人类发展的普遍性的意义上来说历史的终结，只有在自由民主的制度下，历史的中心意义才能被每个人得到普遍认同。这种普遍历史观，正是赫勒一直反对的宏大叙事。因此，从赫勒的阐释来看，赫勒基于历史的偶然性否定历史的普遍性，进一步反对了福山所谓的"历史终结"。赫勒和德里达虽然从两种理路反驳了"历史的终结"，但殊途同归地声称历史行将结束的不可能性。

---

① ［美］福山. 历史的终结和末人［M］. 黄胜强，徐铭原，译. 北京：中国社会科学出版社，2003：2.

第五章

一种历史理论的意旨

历史理论作为赫勒历史哲学思想的旨趣，是其在解构传统思辨历史哲学，建构碎片化历史哲学的基础上，重构出的一种全新的历史哲学。在赫勒的体系中，历史理论不属于史学理论范畴，而属于哲学。尽管史学理论有时和历史哲学存在交叉融合，但赫勒还是把自己所探讨的历史问题定位在哲学层面。这样，赫勒的历史哲学就遵循了黑格尔辩证法的逻辑原则，起点也是终点，终点也是起点，但经过一个过程的旋转起点与终点的意义俨然大为不同。赫勒的历史哲学思想好比以思辨历史哲学为中心，以哲学为起点，以理论为终点，进行了一场圆周运动，其中充满了批判、解构、建构与重构。赫勒把历史理论视为对历史哲学的反思，她认为历史哲学只是历史意识某一阶段的产物，历史哲学终将随着时间和空间的推移被历史理论替代。

赫勒界定的历史理论是一种全新的历史哲学，虽然历史理论这个称谓常常容易引起与史学理论的混淆。但作为一种全新的历史哲学，历史理论不仅思考思辨历史哲学曾经思考过的问题，同时也反思了思辨历史哲学本身。结果就是，历史理论不再遵照唯一的社会逻辑，唯一的社会文化，唯

一的价值理念审视历史之过去、历史之当下以及历史之未来。如果进行明
确地区分，历史理论与思辨历史哲学的最大不同在于，二者从历史之当下
出发，引发出对历史之未来的不同认识。历史理论视思辨历史哲学有关历
史之未来的论述为经验假说，将其现实性的目标改造为理念目标，从而得
出一个不真实的乌托邦，并倡导一种斯多葛 – 伊壁鸠鲁式的伦理哲学和道
德哲学。

第一节　一种全新的历史哲学

历史理论在赫勒笔下不同于历史学致力于建构的史学理论，它修正了
思辨历史哲学的宏大叙事模式，从而华丽地转身为一种新型历史哲学。按
照历史哲学的发展脉络，历史理论也可以归结为继思辨历史哲学和分析历
史哲学之后的叙事历史哲学。虽然赫勒并有明确地把历史理论界定为叙事
历史哲学，但从赫勒的表述中可以发现，她使用的后现代视角，采取的分
析方式，与叙事历史哲学不无差异。叙事的历史哲学从语言的修辞性功能
出发，重新编码"历史实在"，使历史变为"文本性"存在，赫勒受其影
响也看到"历史实在"的缺席。不过与其他叙事历史哲学不同的是，赫勒
并不是从语言的牢笼角度进行的总结。赫勒更关注现实问题，她把马克思
经济基础与上层建筑的辩证理论当成审视历史的工具，把现代性单一的经
济逻辑分化为至少技术逻辑、社会地位的功能性分配的逻辑、政治权力的
逻辑等三种逻辑结构，把文化分为"高级文化""文化话语"和"人类学
文化"三种类型，从而否定历史实存的必然性，尤其是对历史之未来的认

识。赫勒根据历史当下的现实情况，却使历史文本化，虚化历史的实在性，是否意味着，历史只能被哲学家把玩，而不具有任何现实的启示意义？赫勒的历史理论尽管扬弃了思辨历史哲学的宏大叙事，但也同时引来诸多疑问，可是任何一种理论都不能被建构的天衣无缝，让人无法从中挑出不足和缺陷。

一、历史实在的缺席：历史理论的宗旨

"历史"通常来讲是指"过去发生的事情"，不过当"历史"变为一种学问，一种研究对象时，在不同领域下，"历史"生发出不同的意义。就哲学和历史学两大学科而言，"历史"在哲学家和历史学家眼中始终不能被简单化地理解。"历史"经哲学家描述变为形而上学的本体论，经历史学研究变为形而下学的认识论。因此，一些学者往往把哲学的历史称为"历史哲学"，史学的历史称为"史学理论"。为了区分二者的关系，有的学者认为"历史哲学"属于思辨的历史哲学，"史学理论"属于分析的历史哲学。虽然史学理论有时可以被等同为历史哲学，但二者还存在明显的不同。历史哲学是对历史本身的思考，史学理论是关于史学学科性质的研究，主要涉及史学的对象域、根源、精神旨趣及学术特征等方面的规定性。① 以这种方式，赫勒的历史理论毫无疑问地被归结为哲学的历史，也即历史哲学。赫勒指出历史理论据斥大写的历史的本体论建构，但历史理论等同于哲学，尽管是不完整的哲学。② 从赫勒的表述中可以看到，赫勒是在哲学的维度上而非史学的维度上建构历史理论。

---

① 周建漳. 历史哲学［M］. 北京：北京大学出版社，2015：77.
② ［匈］赫勒. 历史理论［M］. 李西祥，译. 哈尔滨：黑龙江大学出版社，2015：301.

　　既然历史理论据斥大写的历史，那么赫勒这种哲学的历史，不属于思辨的历史哲学，也不属于分析的历史哲学，而属于叙事的或后现代的历史哲学。赫勒强调历史理论是对（思辨）历史哲学的反思，其中不免涉及分析历史哲学的知识，但赫勒所做的一切都服务于她试图重现建立起来的全新的历史哲学，即叙事的或后现代历史哲学。这里所说的"新"并不意味着赫勒独立开创或推出了历史哲学新的研究方向，而是为了更好地区分赫勒历史理论与她解构的历史哲学的不同。叙事的或后现代的历史哲学最早兴起于海登·怀特的《元史学》，随后安克斯密特、詹金斯、吕森等人也相继拓展了这种研究方式。除此之外，尼采《悲剧的诞生》、萨特《恶心》、福柯《知识考古学》、利奥塔《后现代状况》在审视历史的过程中，也同样体现了叙事的或后现代历史哲学的内在特征。尼采作为解构传统哲学的先驱，他和索绪尔共同影响了海登·怀特叙事历史哲学的诞生。

　　作为一种叙事的历史哲学，海登·怀特等人反对宏大的历史叙事，反对普遍的历史观，反对历史的连续性、稳定性、整体性、必然性，强调历史的断裂、非连续、多元化和偶然性。海登·怀特指出："历史学家在现在的世界和前此的世界之间建构一种徒有其表的连续性是无济于事的。相反，我们比以往任何时候都需要一种能够使我们了解非连续性的历史学。"① 在此基础上，赫勒强调大写的历史是现代社会的产物，但现代社会并不是同质性的社会，充满各种各样的矛盾和不稳定性。不稳定或矛盾并不是一种破坏性力量，体现了现代社会的特征。赫勒的这种认识说明思辨历史哲学致力于维护的整体性或总体性已站不住脚跟。历史由连续变为

---

① [美] 海登·怀特. 历史学的重负 [J] //彭刚. 后现代史学理论读本. 北京：北京大学出版社，2016：40 – 41.

非连续，用彭刚编纂《后现代史学理论读本》导言的总结来概括，就是"历史实在"的缺席。"历史实在"的缺席意味着不存在原原本本的"事实的"或"现实的"历史，历史处于被建构、选择、想象和创造中。对于人类无法亲身经历的历史，过去抑或未来，历史就是一个谜，因为同样的事情通过不同人的叙事能够产生相反的解释，所以只要不被人们亲身经历，或者更夸张地讲即便是人们亲身经历的历史，历史的实在性也将被质疑。

赫勒的历史理论就体现了这一点，她在阐述历史的过去和未来时，直接否定了"历史实在"。历史不仅不能告诉人们有关过去发生了什么，也不能告诉人们有关未来将会发生什么。① 一切历史都是当代史，这是赫勒在叙事历史性、历史编纂学、历史哲学、碎片化历史哲学过程，万变不离其宗的思想之一。由此，"历史实在"的缺席更为规范地讲，是指历史之过去和历史之未来的不确定性，从而历史不能形成一个连续的和普遍的发展链条。这种断裂不是时空意义上的所指，所指的是历史已经发生、正在发生和即将发生的事并非连续的。海登·怀特的叙事历史哲学也表达出同样的含义，不过赫勒与海登·怀特的历史叙事还存在一定的差异。

为了弄清赫勒的历史理论，还需进一步说明二者的区别。对于海登·怀特而言，叙事的历史哲学侧重于反对历史之过去到历史之当下的连续性，是对史学理论的反思，强调过去"历史实在"的缺席。而赫勒侧重于反对历史之当下到历史之未来的连续性，凸显了对思辨历史哲学的反思，强调未来"历史实在"的缺席。大写的历史总倾向当下就是时机，"此时

---

① ［匈］赫勒. 历史理论［M］. 李西祥，译. 哈尔滨：黑龙江大学出版社，2015：300 - 301.

此地"就是历史形态发生转变的最佳节点，人们要不失时机地加以把握进行改造。这种论调的宏大叙事，赫勒极力排斥，在她看来，思辨历史哲学的悲哀在于一种总是宣言对突然的和整体的转型。大写的历史宣扬"现在时机已经到来"的哲学，变得完全过时了。"历史不过一个谋划，一个人类未来的理念。"① 赫勒的阐释让人意识到，大写的历史有关未来的整体建构，缺少事实上的根据，历史之未来的蓝图可以是一场运动，也可以是一种理念。

"历史实在"的缺席对赫勒而言，更多地指向历史之未来的不确定性。赫勒的这种认识，乃是她致力于建构的历史理论。赫勒非常清楚人们最容易把握历史之当下的境况，却无法彻底揭晓未来现实的历史，未来只能玄而又玄。至于过去的现实性和实在性是否被赫勒否定，答案是肯定的，但由于赫勒早在阐释历史编纂学时进行了探讨，所以在历史理论篇章中就没有过多的赘言。赫勒的历史理论把目光投向了历史之未来实在性的缺席，事实上，也是为了解蔽黑格尔和马克思那个时代的历史观。

黑格尔和马克思的历史意识随着法国大革命的爆发应运而生，受时代影响，他们分歧的思想认识却同一地赞同普遍的实在的历史。十八十九世纪，不仅哲学，文学、历史编纂学都非常倡导历史之未来的实在论。黑格尔和马克思、巴尔扎克和托克维尔一致认为，历史的目的与其让人记住过去，不如促进人们考虑如何运用过去来实现向未来的转变。黑格尔反思历史时写道，先前状态势必要被取代，重获新生，进入下一个新的历史阶段。马克思批判地继承了黑格尔的观点，在《＜黑格尔法哲学批判＞导

---

①　[匈] 赫勒. 历史理论 [M]. 李西祥，译. 哈尔滨：黑龙江大学出版社，2015：300.

言》中曾指出："历史是认真的，经过许多阶段才把陈旧的形态送进坟墓。世界历史形态的最后一个阶段是它的喜剧。"① 简言之，在黑格尔和马克思看来，历史的任务是摆脱历史重负的道德责任，告诫人们当下的状况总会被进一步的人类行为改变。历史因此会让人们去感受每一个既得现实中的动态因素，教导人们领悟变化的必然性，从而无怨无悔地释放到未来。然而，19 世纪后半叶以来，历史日益成为叙事历史哲学家的避难所，他们特别擅长从复杂中寻求简单，积极勇敢地面对当代生活中分裂的力量。赫勒的历史理论恰逢其时地在这股洪流中，坚定地认为历史之未来的非现实性与非实在性。

但必须指出的是，赫勒的历史理论尽管可以概括为叙事的或后现代的历史哲学，她本人并没有把自己的历史理论很明确地称为叙事的或后现代的历史哲学。赫勒的历史叙事有意无意地流露出历史的断裂与偶然性，这早已在碎片化的历史哲学成为既定的事实。所以，基于叙事历史哲学维度，赫勒的历史理论坚信历史是被选择、被想象出来的产物，除了当下，过去和未来不能完全地构成实际的历史。赫勒对思辨历史哲学的解构，相较一些激进派，表现得比较温和，因为在她看来，思辨历史哲学需要改造但不至于完全地失去了存在的价值和意义。不过赫勒用历史理论这一词语指代她试图重构的历史哲学，难免给人造成理解上的困难，让人心生疑问历史理论的学科归属问题。但随着形而上学的不断解体，若想找到一个恰当的词汇代替"哲学"也不容易，而"理论"是当下最好的选择。

---

① 马克思，恩格斯. 马克思恩格斯文集：第 1 卷 [M]. 北京：人民出版社，2009：7.

二、现代性的多重逻辑：历史理论的根基

赫勒与海登·怀特的叙事历史哲学都强调了"历史实在"的缺席，二者除了在界定"历史实在"缺席的范围不同外，在叙述方式上也表现了不同。虽然赫勒和海登·怀特都反对宏大的历史叙事，不过相比于海登·怀特对大写的历史的否定，赫勒是从现代性的多重逻辑和多元文化进行得解构，海登·怀特是从语言的修辞性进行得解构。海登·怀特在接受多曼斯卡访谈中，肯定了多曼斯卡的提问。海登·怀特同意多曼斯卡看到文艺复兴以来人文主义者们重视修辞学胜过逻辑学的现象。海登·怀特指出："叙事性的写作并不需要逻辑蕴含其中"①，黑格尔试图运用逻辑学将实际思维形式化，但是大多数写作，日常言谈都不能完全遵守逻辑推演的规则。人们需要的不是黑格尔提出的三段论式的逻辑，而是实践的逻辑。三段式的逻辑关注的是命题的真假问题，命题不等于生活，生活充满矛盾，因此认识人们的生活需要即兴话语，即兴话语只有修辞学能够提供。意义始终是被创造出来的，真理也是被创造出来的，而非人们发现的，正是因为这个缘故，海登·怀特从修辞学的角度考察了历史这种无法形式化的话语形式。

赫勒不反对海登·怀特提出真理是被创造出来的论断，但与海登·怀特不同的是，赫勒是从现代性的多重逻辑视角看待这一问题的。赫勒把历史哲学的宏大叙事看成现代性理论的一部分，指出历史哲学作为一种现代性理论，特别强调单一的逻辑形式。比如黑格尔重视世界历史的发展是一

---

① ［波兰］埃娃·多曼斯卡. 邂逅：后现代主义之后的历史哲学［M］. 彭刚，译. 北京：北京大学出版社，2007：23.

个不断走向自由的过程，在日耳曼民族到来之际，自由在这一国度已经发展到最高的程度。马克思重视经济基础的决定性作用，认为历史将随着社会分工的消失达到共产主义国度，在那里人们可以"有可能随我自己的心愿今天干这事，明天干那事，上午打猎，下午捕鱼，傍晚从事畜牧，晚饭后从事批判"①。这种单一的推动历史发展的主导逻辑，赫勒表现出不支持的态度。18、19世纪的现代性理论重视单一的逻辑，可到了20世纪现代性还在继续的年代，日常的社会生活很难让人对此加以信服。历史当下无法用单一的逻辑形式主导历史演进，现代性的单一逻辑已被多重逻辑分化。

赫勒曾在《历史理论》末尾否定大写的历史时，提出现代社会不是同质性的社会，其内部充满矛盾，主要表现为两种逻辑之间的冲突，它们分别是市场的普遍化逻辑与自由平等的民主化逻辑。但在《现代性理论》中，赫勒把两种冲突的逻辑扩展为至少三种逻辑形式，它们分别是技术逻辑，社会地位、功能和财富划分的逻辑与政治权力的逻辑。简单而言三种逻辑形式也可以概括为经济逻辑、社会逻辑与政治逻辑。赫勒把《历史理论》中市场与自由平等两种逻辑引申为三种，为认识20世纪以来的现代社会提供了更详细地解释。赫勒为反对单一的现代性，提出多重逻辑形式，事实上，在认识和解释世界中，赫勒并没有逃离马克思主义的经济学理论框架，看到经济基础与上层建筑之间的辩证关系。不过相比马克思主义所重视的经济基础的决定性作用而言，赫勒更加辩证地审视了经济、社会与政治之间的关系，赫勒更加清晰地看到历史当下的复杂性。赫勒没有

---

① 马克思，恩格斯. 马克思恩格斯全集：第3卷［M］. 北京：人民出版社，1960：37.

把其中的任何一种视为决定性力量，强调了三者之间的制约关系。在赫勒看来，无法确定哪种逻辑具有优先性地位，技术、社会与政治三种逻辑形式是相互牵制，相互制衡的，同时每一个逻辑形式内部又存在多种各样的矛盾。现代社会矛盾重重，大写的历史试图以单一的逻辑说明世界历史发展的全过程是站不稳脚跟的，这是赫勒一再强调的观点。

赫勒根据三种逻辑理解现代性、现代社会，直指她历史理论的主旨，"现代性不应该被视为一个同质化和总体化的整体，而应被视为一个有着某些开放但并非无限制的可能性的片段化世界。"① 这就意味着现代性是异质性和碎片化的，赫勒并没有采取一种极端的态度反对单一的现代性逻辑，但赫勒也很明确的认为现代性如果只存有一种逻辑，现代性就会很快摧毁其自身。赫勒为什么把现代性的逻辑划分为三种形式，她所说的"逻辑"又是什么？其实，"逻辑"一词如同"范畴"，按照黑格尔的意思，一个新"范畴"的形成，它就有一种发展其自身各种可能性的趋势或潜能。当一种爱的关系形成时，当一粒子种子成熟时，当一个学派成立时，事物本身就具有了发展其自身的潜能。赫勒把这种"范畴""潜能"解释为"逻辑"，说明技术逻辑有实现其自身的潜能，社会逻辑有实现其自身的潜能，政治逻辑也有实现其自身的潜能，三者之间存在本质的区别。三种逻辑的发展并非依托自然力量推动，赫勒视每一种逻辑都依赖于历史的行动者和历史主体。

针对技术逻辑的本质赫勒接受海德格尔观点，认为技术的本质不是技术性的，而是一种技术想象。技术在科学的支配下，可以外化为蒸汽机、

---

① ［匈］赫勒. 现代性理论［M］. 李瑞华，译. 北京：商务印书馆，2005：96.

打字机、人造卫星等等形式，但本质却存在于现代人的思考、构思和想象之中。就思想而言，相信技术和科学是魔鬼与相信技术和科学是救世主没有区别，技术在创造现实生活中能否成为客观的分水岭，有时不取决于技术本身，而取决于它在哲学中的构成。赫勒通过分析技术逻辑，强调技术发展不仅深刻地影响了个人家庭、亲情关系、职业教育结构，还拉近了时间和空间的距离感，技术逻辑甚至可以渗透到社会、政治逻辑之中，但不能支配社会、政治逻辑。社会逻辑主要分为社会地位、功能和财富划分三个方面，三者统归制度、市场、资本、货币支配，其中市场处于核心地位。社会制度的作用在于"合理性"地安排社会资源，服务于市场交易，以达到公平正义功能。社会市场通过调节劳动分工，使现代男人和女人依靠出卖自己的能力，换取某个职位和薪水。在制度调节和市场资源配置中，人们的地位、功能和财富自然而然地被等级化为多种阶层。如果技术逻辑远远落后于社会的逻辑或相反时，两种冲突就明显地表现出来，但二者能否协调发展也不是一件简单的过程，因为社会逻辑还同时要接受政治权力逻辑的控制。政治权力逻辑属于国家层面，国家的主要职责是制定法律和宪法，以确保统治的权威性。国家政治制度又可以分为自由主义、议会制民主、君主立宪、专制主义等多种形式，不同的形式以不同的方式治理社会、市场。国家如果对市场进行比较多的干预，市场就很难进行独立自主的发展，科学技术也将随之受到牵连。因此，三种逻辑三种范式，相互作用，相互牵制，在推动历史发展过程中，很难形成普遍的历史，更不能使人想象历史未来具有的统一化的潜力。

在三种逻辑形式中，唯有技术逻辑得到了世界历史的普遍化应用，但社会逻辑和政治权力逻辑，由于受地域环境特殊性的影响，其发展样态表现得参差不齐。逻辑之间不平衡、不协调、不一致，赫勒通过对三者的分析，呈现了现代性的多重逻辑结构，从而否定了现代性的单一逻辑。历史哲学作为一种现代性理论，赫勒在否定现代性的单一逻辑时，也就等于否定了历史哲学总是试图以一种逻辑设计它所包含的过去、当下和未来的伟大蓝图。逻辑是历史哲学设计历史蓝图的根基，不管黑格尔所强调的"自由"，还是马克思所强调的"经济"，赫勒在对这种单一或唯一逻辑的解构中，通过摧毁历史哲学存在的根基，否定了历史哲学对"历史实在"的认可。相较于海登·怀特的话语分析，赫勒从多重现代性逻辑入手进行了深刻剖析，所以"历史实在"的缺席是赫勒重构历史理论时的必然结论。

三、现代性的多元文化：历史理论的活力

为了论证"历史实在"的缺席，赫勒首先从现代性的三种逻辑展开分析。如果说现代性的三种逻辑构成解释"历史实在"缺席的一个主要原因，除此之外，现代性的多元文化构成"历史实在"缺席的又一原因。赫勒认为"历史实在"是缺席的状态，事实上，她在反对思辨历史哲学的未来观。思辨历史哲学把历史之未来蓝图看作某种既定的事实，认为历史只要按照自身发展的内在规律加以运转，就可以使潜在的规定性变为可感可知的社会现实。这种观点遭到赫勒反对，在赫勒看来，思辨历史哲学有关未来的设计不过是一种历史假想，它过分地夸大了规律的作用。规律强调唯一性、目的性和必然性，但历史事实尤其是现代性的历史当下事实，让人们看到社会的多元性、不稳定性和偶然性。在三重逻辑的相互牵制中，历史不能遵循一种所谓唯一的标准，不受干扰地完成早期预设的目标。历史发展充满多种可能性。

在解释了现代性的多重逻辑是造成"历史实在"缺席的原因基础上，赫勒着重强调了现代性的文化。为什么把文化单独罗列出来，而不把文化混合为现代性多重逻辑中的一种？为了避免误会，赫勒进行了明确的说明。文化不能作为一种独立的现代性逻辑，因为文化的指涉物（所讨论的对象）可以全面地覆盖现代性的三种逻辑，或覆盖其中一种或两种。文化可以从全部的三种逻辑中选出，也可以从其中两种或一种选取。三种逻辑或其中的一种又可以为文化的繁盛和衰败负责。文化包含、讨论并描述的现象有时是辩护性的，有时是批判性的，有时是关联性的，所以文化必须作为现代性三种逻辑之外的一种独立变量加以认识。文化必须独立于现代性的三种逻辑加以认识，进一步需要思考的问题就是，文化为什么否定了"历史实在"？

在赫勒的现代性理论体系中，文化具有多元性。多元作为唯一的反义词，多元意味着历史之未来无论在时间上还是空间上，存在多种可能，没有既定的事实，没有唯一需要实现的道路。文化一词被赫勒区分为三种不同的概念，它们分别是"高级文化""文化话语"和"人类学文化"。阿雷恩·鲍尔德温等人书写的《文化研究导论》曾把文化区分为三种含义："带有大写'C'的文化""作为一种生活方式的文化"和"过程和发展"。尽管二者表述不同，但都表明一点，文化本身的定义是多样，文化在不同领域有不同所指，现代社会一切现象皆为文化。在赫勒看来，三种文化并非同一时间出现，按照先后顺序，"高级文化"早于"话语文化"，"人类学文化"是相当晚近才出现的。"高级文化"是指有代表性的艺术作品、神学、哲学、科学等内容。"高级"表明文化存于日常生活和思想层面之上的空间，具有形而上学特征，象征着一种虚拟的现实世界。"话语文化"相当于"文化人","文化人"并不意味着一个会写诗或作画的人,而是"一个能够明智地谈论诗歌或绘画的人"①。一种可以用来交流沟通的"话语"文化,赫勒认为它也可以称之为"交谈文化",存在于多种场合,或公共或私人空间。交谈的主题不限于高级文化,涉及一切事物。"人类学文化"作为文化的第三种概念,赫勒借用马尔库斯"人类学概念"指出,在人类学的意义上,所有的人类社会都是文化。它包括实际存在的一切事物,向居民提供规范、法则、指令、宗教等等。这种文化可以存于民族、部落、城市、乡村等任何地方,不分高低贵贱之别。

三种文化,三种相度,赫勒区分现代性的文化,除了强调文化的多元化是解构思辨历史哲学建造的历史蓝图的原因外,还进一步用阐释学理论加深了解释力度。赫勒指出,作品、文本已经如其所是的存在,但是作为一件要服从阐释的"完成了的作品"。阐释是流动的、短暂的,不仅可以延伸一件作品的过去价值,还可以对它未来持续不断的意义进行再加工。阐释把文本与事物的真实或虚假联系起来,滋润文本本身的存在。比如柏拉图和亚里士多德的哲学文本或普罗泰戈拉的著作就是这种情形,其价值大小与阐释直接相关。对文本的阐释越是忠诚,赋予文本的真实或虚假的作者的重要性就越大。如果一个文本被归之于一个有很高声望的人,这一文本就极有可能成为忠诚的阐释实践的主要对象。反之亦然。然而,现代社会不再存在一个单独的权威者,选择适当的对象,进行忠于作品本身的阐释。尼采、德里达、福柯是最恰当的例证。阐释者变得越来越丰富,阐释对象也层出不穷,多元势必是历史发展的结果。

---

① [匈] 赫勒. 现代性理论 [M]. 李瑞华, 译. 北京: 商务印书馆, 2005: 180.

文化依赖阐释，由此可见，若把"思辨历史哲学"（大写的历史）作为一种人类学意义上的文化，"大写的历史"有关历史之未来的认识，也不过一种阐释性结论。赫勒之所有谈论现代性的文化，表明文化的多元化与阐释性，也正是为了在人类学的层面上反对"大写的历史"的未来观。"大写的历史"是经权威作者之手，选择值得"忠诚"阐释的事物，以合适的方式进行表达形成的历史蓝图。在赫勒看来，"大写的历史"的阐释者决定了历史蓝图的真实性，历史无论过去还是未来都是阐释出来的产品，而非真实存在。历史之未来的实在性是值得怀疑的，或者更准确地说，未来为何是不可知的，无法预测的，不能按照"大写的历史"所描述的如其所是的样态呈现于众。

第二节 一种不完整的历史哲学

赫勒的历史理论作为一种全新的历史哲学，这种"新"也可以称之为一种"不完整"的历史哲学。"不完整"是基于她所强调的"历史实在性的缺席"总结出的一个特点。"显然，历史理论是一种不完整的哲学。"①虽然赫勒并没有把自身的历史理论明确指认为一种不完整的历史哲学，但由于赫勒始终否认历史未来并非思辨历史哲学家预言的样态如期呈现，所以，可以断定她的历史理论是不完整的历史哲学。"不完整"体现为赫勒悬置了历史未来，对历史未来存而不论。对于大多数思辨历史哲学家而

---

① ［匈］赫勒.历史理论［M］.李西祥，译.哈尔滨：黑龙江大学出版社，2015：319.

言，历史哲学涉及的历史离不开过去、当下和未来三个维度。过去、当下和未来三个维度的结合才能构成一个完整的历史哲学体系，没有对过去的总结，没有对未来的预判，就无法解说认识历史当下的意义和必要性。然而赫勒的历史哲学恰恰为历史未来留出一片空白场域，她在讨论人类社会形成的过程中，看到了人类社会从历史之过去到历史之当下的演变，但没有预判历史之未来的样态。在赫勒看来，思辨历史哲学家设计的历史蓝图只能构成一种进步的理念，却不能作为一种事实性的历史存在。在现代社会文化多元化的情况下，历史未来的面貌存有多种可能性，思辨历史哲学的任何推断都是一种预言。悬置未来是历史当下认识人类社会最好的选择，但悬置不等于悬空。悬置而不悬空意味着，赫勒不去讨论历史未来的具体形式或形态，而就历史未来本身阐释了其存在的价值和意义。这种有意切割历史连续性的理论，相较于一般的历史哲学，赫勒的历史理论可以归结为一种不完整的历史哲学。

一、历史未来是一种进步理念

赫勒这种不完整的历史哲学，对历史未来存而不论的立场，意味着她不会像马克思一样通过反思历史当下，为历史未来的具体形态填充内容。马克思在批判资本主义经济、政治以及文化的基础上提出，历史未来必将成为共产主义社会。共产主义社会是一个没有剥削，没有压迫，没有阶级分化的自由联合体，在那里每个人可以自由且全面地发展。与马克思相反，赫勒对历史未来形态未做任何明确说明。但值得注意的是，赫勒尽管有意不谈历史未来将以何种社会形态呈现于众，却没有否定历史是没有未来的。赫勒没有肯定马克思的共产主义，同时也没有肯定福山所谓的资本主义终结论。对赫勒而言，历史未来形态存在多种可能，既可能是共产主义式的，也可能是资本主义式的，抑或二者同时存在。不过在对未来社会形态不确定的前提下，相较于福山的历史终结论，赫勒更倾向于马克思的共产主义思想，因为共产主义代表着历史未来的进步论。资本主义是历史当下的社会形态，如果坚持资本主义终结论，历史发展将缺少内在的前进动力和明确方向，从而处于"停滞"状态。赫勒坚信历史未来是进步的，不过赫勒视域中的进步，不能作为历史事实的实在性、确定性、真实性进行理解，而是作为一种理念而存在。

赫勒为什么把"进步"解读为一种"理念"，进而把历史未来视为"进步理念"，对这一问题的回答，首先要回到赫勒对"进步"本身的理解。在总结思辨历史哲学的基本范畴时，赫勒曾把"进步"作为三种历史发展趋势中的一种进行解释说明。赫勒指出历史发展共有三种趋势：进步、退步或永恒重复。但并没有赞同其中任何一种，至于为什么不给予赞同，其解释体现在"历史理论"部分。在赫勒看来，如果不弄清楚"进步"或"退步"等概念本身，就容易造成虚假的历史意识。首先历史理论不能接受"永恒重复"，原因在于"进步"或"退步"概念的形成。"进步"或"退步"概念在前现代社会是不存在的，直到现代社会的产生才得以形成。现代社会促使"进步""退步"概念的产生，从而让人们认识到现代社会不能重复某些以前的历史模式。排除了"历史重复"，赫勒指出在"进步"和"退步"两种趋势中，哲学家又会做何选择，取决于他或她在反思历史当下所应用的世界观和价值体系。但就赫勒自己而言，她认为现代社会将是一个"进步"的过程，无论在理论上还是实践上。

什么是"进步"？赫勒接受了柯林伍德的观点，即"存在没有任何相应的失去的获得，就是进步"①。在区分人类历史进步和自然历史进步时，柯林伍德指出人类历史如果是进步的，这就意味着人类所创造的社会组织、艺术和科学以及诸如此类的新品种的形式，每一种都必然是对前一种的一项改进。但人类历史不同于自然历史，"人类特殊的历史变化是否就成为一场改进的这个问题"②，必须根据它在每一种特殊情况中的成效加以回答。赫勒承接柯林伍德观点继续延伸道，人们没有权利，也没有资格选择一个获得，而宣称失去是第二重要的或不重要的。因为历史发展的得失是并存、并重的，有得必有失，有失必有得。历史发展不存在毫无失去的获得，果真如此，才能称得上是纯粹的"进步"。随之而来的是，人们历史当下的社会、文化的发展也不能理解为进步或退步。存在着并且始终存在着，获得和相应的失去。

既然如此，赫勒把"进步"视为柯林伍德所说的"无相应失去的获得"，从而否定历史进步的可能性，但在"进步"和"退步"两种趋势中仍然选择"进步"，这一举动是否存在不可理解的自相矛盾？事实上，这种自相矛盾只是一种表面上的悖论，赫勒想表达的是，由于历史发展存在着"获得和相应的失去"，所以"进步"用来解释和认识历史，就意味着历史发展不存在"实际上""事实上"的进步，只存在观念上的进步。强调历史进步，首先是因为"进步"这一观念在现代社会产生，其次是因为"进步"这种观念表达了这个社会的存在形式。赫勒甚至认为，只要有"创造进步的意愿"就是进步的，如马克思的历史分析。无论马克思的历史阶段论是否可以用经验事实进行检验说明，但必须肯定的是，马克思表

---

① ［英］柯林伍德. 历史的观念［M］. 何兆武，张文杰，译. 北京：商务印书馆，2004：441.
② ［英］柯林伍德. 历史的观念［M］. 何兆武，张文杰，译. 北京：商务印书馆，2004：443.

达了创造历史进步的意愿。在赫勒看来，这也是一种进步。

意愿作为一种进步，即使赫勒拒绝承认现代社会存在任何现实的进步，但在观念层面上，作为价值、作为规范的进步理念，赫勒始终予以肯定。根据历史理论视域，赫勒指出："进步不是作为事实被接受，但也不是作为幻觉被废除。它是一种理念，因而是一种现实。"① 从赫勒对进步本身的定义来看，这是她反对"大写的历史"普遍进步论的主要原因。"大写的历史"一直推崇的历史发展是一个不断进步过程的观点，不能作为事实上的进步进行理解，而是一种观念的进步。

赫勒从现实生活的角度，排斥了"大写的历史"的普遍发展说，发展本身内在地包含着"未来"，由此可见，赫勒认为历史未来不存在事实上的进步，只能视为观念的存在。历史未来将以何种样态呈现于世，赫勒没有仿效思辨历史哲学家的思考路径，给出明确的答复。但赫勒却肯定了"大写的历史"对历史未来进步的期许。历史是有未来的，只要有人类存在，历史就不会终结。历史未来通过人类历史当下的活动，超越历史当下，成为更进步的阶段。但具体到何种形态时，赫勒视其为引导人类历史当下活动的理念。"进步"不是作为事实而存在的，而是作为约束人类历史当下活动的价值规范而存在。"未来的进步不是一种必然性，但却是一种我们所致力于的价值，并且正是通过这种致力于的行动，它变成了可能性。"②

---

① ［匈］赫勒. 历史理论［M］. 李西祥，译. 哈尔滨：黑龙江大学出版社，2015：310.
② ［匈］赫勒. 历史理论［M］. 李西祥，译. 哈尔滨：黑龙江大学出版社，2015：315.

二、历史未来理念采取了乌托邦形式

在进步和退步的两种推论中，赫勒把历史未来视为一个进步的过程，但具体到历史之未来为何种形态时，赫勒改造了马克思的社会历史观。这种改造不是在彻底否定马克思的社会主义或共产主义思想基础上，提出新的形态论，而是把马克思一直所坚持的事实性存在，变为可能性存在。赫勒指出："马克思曾经提出人类从未为自己设定不能实现的目标。这是一个历史哲学的经典表述。"① 历史理论就是要用"可行性"陈述代替"现实性"陈述，转换马克思的经典思维。赫勒承认她有意这么做的原因与她历史理论采用历史主义的分析手法不无关系。虽然赫勒没有长篇大论历史主义，但她流露出历史需要因时因地地进行具体考察，不能不考虑时间空位维度，把历史看成僵硬的事实。因此，在历史意识发展到第六阶段时，作为历史意识第五阶段的历史哲学，其中某些不适应时代的观点必须被重新建构。

历史理论不否认马克思历史哲学强调的历史进步，历史理论也致力于进步，但历史理论所致力于的进步是一种进步理念的出现。赫勒认为进步的理念是未来社会进步的理念，没有未来理念，未来进步理论就无法思考。"但乐于创造进步的历史理论拒绝说明关于未来的真实陈述。这就是为什么未来的理念采取了乌托邦的形式。"② 赫勒把不作为事实，但又有存在之必要的进步理念定义为乌托邦，可见赫勒观点的明确性。在赫勒看来，用乌托邦概括历史进步理念，为的是说明人们应该把乌托邦作为前进

---

① ［匈］赫勒. 历史理论［M］. 李西祥，译. 哈尔滨：黑龙江大学出版社，2015：319.
② ［匈］赫勒. 历史理论［M］. 李西祥，译. 哈尔滨：黑龙江大学出版社，2015：320.

的目标，而不要期待乌托邦的实现。

"乌托邦"一词最早由托马斯·莫尔创制，其英文为"Utopia"。托马斯·莫尔借用希腊文的"topos（地方）"，结合"ou（表示否定）"与"ue（表示理想完美）"，把希腊文中表示否定的"ou"改造称拉丁文的"u"，发明"Utopia"一词。"Utopia"随即也被表述为"乌有之乡"和"希望所在"，意指一个相对现存世界，没有固定时间和空间的观念中的"所在"，如"某个地方""理想国""大同世界"等。这个地方对于现世而言，一定是一个排除苦难、不幸和压迫，充满正义、公平、和谐、完美和理想的"所在"。在"乌有之乡"与"希望所在"双重架构下，"乌托邦"自身必然拥有二重属性，一是指脱离实际的空想；二是勇于面向未来的追求。近代以来，随着政治极权主义、科学主义、理性主义的不断发展，乌托邦曾遭到多重解构，引起人们的误解和混乱。值得肯定的是，"乌托邦"本身所包含的人类对某种美好生活的期待与向往这一含义，始终没有改变。根据这一含义，赫勒在此基础上，对"乌托邦"做了进一步的引申。

首先，所有的乌托邦都是一种社会的乌托邦。作为一种社会的乌托邦，它呈现为范例或典型的生活方式。在范例和典型的社会生活中，制度是支撑整个社会生活的骨架，并且制度本身意味着所有人都能进行的自觉地遵守和保持。赫勒说，这个乌有之地在历史的任何阶段都无法被发掘和发现，它是作为伊甸园而存在的。其次，乌托邦所具有的第二个含义，即"别的地方"。赫勒指出，由于乌托邦是伊甸园的化身，所以乌托邦与"现实"成反比例关系。此时此地所是的地方恰恰是乌托邦所不是的地方，乌托邦所是的地方恰恰是此时此地所不是的地方。作为"别的地方"，赫勒再一次把乌托邦解释为一种否定的意义。乌托邦不是有意解构"现实"，而是表明"现实"的理想之地。

为了明确这种含义，赫勒借用莎士比亚《暴风雨》的部分片段加以说明。其中有这样一段描述，"正直的贡扎罗说：在这共和国中我要实行一切与众不同的方式，我要禁止一切贸易；没有地方官设立；没有文学，富有、贫穷和雇佣都要废止……大自然中的一切产物都不须用血汗劳力而获得……但是大自然会自己产生出一切丰饶的东西，养育我那些纯朴的人民。"根据这段内容，可以看出，赫勒没有以概念的形式解释"乌托邦"，但却生动地点出"乌托邦"何为。现实的生活永远充满矛盾，只有乌托邦的社会寓意着矛盾和冲突的和解。乌托邦的社会满足了所有人类对美好生活的想象，因而乌托邦的存在表明对现实生活的否定。

通过赫勒对"乌托邦"的解释可以发现，赫勒的这一思想，很大程度上延续了托马斯·莫尔的"乌托邦"认识。作为一种社会生活，作为一种别的地方，作为一种现实生活的否定，赫勒对"乌托邦"含义的进一步深化，为的是描述历史之未来。赫勒曾说过历史之未来是进步的，但进步不是指事实上的进步，而是理念上的进步。这种理念进步，结合赫勒对"乌托邦"的认识可以发现，历史未来必然要以乌托邦的形式出现。历史之未来，不是历史之过去已经发生的事实，也不是历史之当下的境况，而是一种充满希望的乌有之地，因此历史之未来形式必然为"乌托邦"。"乌托邦"尽管包含了普遍价值的实现，但它并不代表事实上的实现。赫勒用乌托邦定性历史未来想表达的是，乌托邦是约束、规范、激发人类历史当下行动的目标，乌托邦有利于人们历史当下接触社会中的多重矛盾和冲突，但人们历史当下的行动一定要意识到的是，不能盲目地把这种目标视为真实的存在。

赫勒认为历史未来采取了乌托邦形式，从这种认识出发可以发现，其优点是改变了以往人们对历史未来进步的盲目崇拜，进而避免虚假的历史想象。但随之而来的问题是，如果赫勒把历史未来视为乌托邦，这就意味着，未来始终在"别的地方"，不能成为真实的人类生活。作为不能实现的历史未来，它就不能有效地规范人类历史当下的行动，不能像马克思一样创造出一种具有现实意义的实践哲学。

三、历史未来需要道德乌托邦

赫勒明确地把历史未来解读为乌托邦，这就意味着，历史未来永远是一个不真实的存在。由此引发的问题是，它还能否激励人们为不断迈向美好生活前进？马克思主义哲学通过批判资本主义旧社会，变革不合理的生产方式，为历史未来进步，创造了一个真实存在的世界，从而激发了人们历史当下思考和行动的热情和动力。按照赫勒历史理论，如果人们知道，不管当下怎样思考与行动，都无法创造真实的历史进步，那么结果只能带来虚无主义。一种只能导致虚无主义的历史理论，似乎与赫勒强调的历史进步背道而驰。历史未来是进步的，但进步只能是一种乌托邦，这样的进步意义何在？从赫勒的历史理论来看，赫勒自身并没有很好地解决这一逻辑悖论。但赫勒似乎并不关心这一逻辑悖论的解决，为什么？因为赫勒把历史未来视作乌托邦，除了她关注历史当下的境况外，更主要的原因是，赫勒侧重于道德哲学问题。赫勒认为历史未来采取了乌托邦形式，这种乌托邦需要在道德层面上进行理解。

赫勒在《历史理论》第四部的"历史理论"中，提出历史未来是一种道德乌托邦，但由于篇幅和精力所限，并没有详细地加以解释。如何看待赫勒的道德乌托邦，就需要结合她道德三部曲中的第二部《道德哲学》。赫勒一生著述颇多，理论涉及广泛，最重要的两部分莫过于她的历史哲学和道德哲学。虽然《道德哲学》与《历史理论》是两个独立的文本，但内容上具有相互补充的作用。赫勒的道德三部曲，是在她完成历史哲学三部曲的过程当中形成的，这就意味着，道德问题促进了赫勒历史哲学的完整性思考。道德哲学也成为赫勒历史理论的最终归宿。

在赫勒的历史哲学中，赫勒反对历史的普遍性，但在道德哲学中，却极力地推崇道德的普遍性。她认为道德的普遍性不影响历史的多元化，反而有利于历史多元化的形成，保护人的平等、民主和自由。赫勒说，现代人由选择决定自身的价值，无论做出怎样的选择，都应该依据道德的普遍性范畴，即以善为根本宗旨。尽管多元化社会中并不存在大一统的道德规则，但也应该遵循各种引导性的道德规则使自己成为一个好人。"好人"是赫勒道德哲学的核心要素，赫勒指出："依据普遍的范畴选择我们自己等同于选择我们自己作为好人。这之所以是一种道德选择是因为这是对伦理道德的选择。"① 当现代社会中的个人能够遵循指导性的道德规范和规则完成行动时，好人就逐渐生成。随之而来的问题是：人们如何才能知道并确定一个人已经依据道德规范进行存在选择？或者说人们如何才能知道自己是一个"好人"？赫勒的回答是：一个人如果能够以正当的方式与人交往，如果给予道德优先选择，就是一个"好人"。"好人"体现在他或她的日常生活行为活动当中。衡量一个"好人"最重要的标准，就是看他或她是否会"照顾他人"。"照顾他人"是一条普遍性的道德规范，它意

---

① ［匈］赫勒. 道德哲学［M］. 王秀敏，译. 哈尔滨：黑龙江大学出版社，2014：15.

味着一个人知道如何避免伤害他人，顾及他人的脆弱性，顾及他人的苦难等等方面。对于什么是"照顾他人"，赫勒提供近百条的"道德律令"。在赫勒看来，如果每个人都能按照相应的道德律令约束自己的行为，整个社会也将成为一个道德有机体。

"好人"形成"好的社会"或"道德世界"，这是赫勒道德哲学的中心内容。赫勒试图从建构一个"好人"出发，创立有机的道德社会共同体，但"好人"是否存在？赫勒自己毫不含糊地认为，"好人"本身就是一种乌托邦。"最好的道德世界的条件，是由男男女女们的理性共识得以建立的。""这些男男女女以互惠互利为纽带链接在一起，从而避免生命的价值和自由的价值在实践层面上的冲突。""唯一重要的事情就是对这种世界的承诺内在与正当的人们的存在这种情况；即只要正当的人的存在，这个承诺也存在。没有什么比一个正当的人更真实。同时，她或者他也是乌托邦的。每个正当的人依照她或者他代表的承诺都体现着乌托邦。正当的人就是终极的乌托邦现实。"① 赫勒知道自己提出的"好人——道德世界"不过一种乌托邦式的历史想象，但却极力建造这样的乌托邦世界。

究其原因，在于赫勒认为道德乌托邦作为一个可能未来的理念，作为应该成为什么的理念，包含了一个承诺并且规范着人的行动，从而告诫人们什么能做，什么不能做。这样的乌托邦最大的功能在于，它承诺了人们对美好生活的寄托。赫勒并不关注道德乌托邦能否实现，反而更在意的是，好人或正当的人承诺了乌托邦这一设想，乌托邦由此可以成为约束人类活动的规范。正如雅克·巴尔赞所说："人们通常认为乌托邦是不切实

---

① ［匈］赫勒.道德哲学［M］.王秀敏，译.哈尔滨：黑龙江大学出版社，2014：254.

际的梦想，这其实是一种错觉。乌托邦作家们任愿望和幻想尽情驰骋，设想了一些确实行得通的体制。现代福利方案和社会保障制度就是乌托邦的缩影。"① 换句话说，尽管存在不完美的世界和未来，但道德乌托邦成为引导人类前进的目标。在赫勒看来，最好的道德世界不是每个人都好的世界，它是一个这样的世界，在其中善和正当性成为目的本身。人们需要期待世界和未来比现世更加美好，更加接近乌托邦，否则人们在日常生活的行动只会是怀旧的，停滞的或退步的。

赫勒把历史未来进步视作道德乌托邦，不从事实出发加以解说，相比马克思主义的实践哲学，更像是一种道德哲学、价值哲学或政治哲学。赫勒承认，当她决定选择这种路径时，她就是在忙于建立一种道德乌托邦的现实。所以赫勒的这种乌托邦建构，在促使人们践行道德律令时，只有针对具有较高的道德觉悟之人，才能真正地发挥作用。赫勒的历史愿景是美好的，可是如果从实际效用出发进行审视，赫勒的道德乌托邦只能成为一种格言警句，并不能约束每一个人都按照道德标准行动。这种道德乌托邦直接面向正当的人，间接面向非正当人。对赫勒而言即便只存在一小部分正当的人，但只要存在，她或他就可以身体力行地感召非正当的人。道德乌托邦依托正当的人唤起不正当的人成为好人的兴趣和希望。由此可见赫勒在审视历史未来时，把历史未来视作进步的理念，进而使之变为道德乌托邦的化身，表明其历史理论的要旨就在于强调历史未来存在的价值和意义。历史未来存在的价值和意义，关乎的主要问题不是它将以何种具体形态通过扬弃历史当下外显于世，而是它的存在就像道德律令一样，以影响

---

① ［美］雅克·巴尔赞. 从黎明到衰落——西方文化生活五百年［M］. 林华，译. 北京：世界知识出版社，2002：129.

和约束历史当下的人的活动，促进美好世界的生成。

第三节　一种历史唯物主义版本的历史哲学

尽管赫勒试图把"历史哲学"扭转成"历史理论"，但不得不说，赫勒的思考仍没有逃脱历史哲学范式。甚至赫勒也亲口承认她的历史理论属于一种历史唯物主义版本的历史哲学。"历史哲学"这一概念从其产生到广泛传播，按照沃尔什的分类，从不同的研究里路来看，可分为思辨历史哲学、分析历史哲学和叙事或后现代历史哲学。但若换一种角度进行审视，从内容上进行区分，历史哲学还可以分为神话版、宗教版、哲学版等多种类型。其中哲学版又可细分为历史唯心主义版、历史唯物主义版等等，赫勒的历史理论就属于哲学版中的历史唯物主义版。作为一种历史唯物主义版本的历史哲学，赫勒的思想表现出与马克思的历史哲学若即若离的关系。这种关系，也可以说明，赫勒为什么试图用"历史理论"代替"历史哲学"的原因。赫勒历史理论在很大程度上，是在深受马克思历史哲学影响基础上，有意对其进行改造而为之的。这种改造集中体现在"社会主义"这一部分内容上，赫勒说，马克思著作是社会主义所产生的历史哲学最伟大的体系，有力地回答了历史存在的意义问题。但由于马克思的思想体系是历史哲学，所以马克思只能满足他的时代需要，而不能满足历史当下的需要。历史未来和世界仍然需要社会主义引导，但社会主义应该以怎样的方式进行引导，值得基于历史当下，进行重新建构。

一、社会主义与历史哲学具有亲缘关系

历史唯物主义作为马克思主义哲学一种命名，其强大理论框架下，包含着多个子问题、子课题或子议题。赫勒择取"社会主义"进行谈论，与布达佩斯学派有很大的关系。布达佩斯学派在卢卡奇的带领下，以区别东欧新马克思主义南斯拉夫实践派、波兰沙夫的《人的哲学》和捷克斯洛伐克科西克的《具体的辩证法》，日臻形成独特的理论范式。虽然东欧马克思主义共同表现出一种人道主义关怀，但具体到每个学派，他们都存有各自的理论侧重点。布达佩斯学派曾在20世纪60年后期和70年代初期围绕社会主义条件下的个体发展和自由共同体，于1976年在伦敦出版一本论文集。国内2014年把它翻译成书，名为《社会主义的人道主义——布达佩斯学派论文集》。其中集结了赫勒、瓦伊达、马克库什和赫格居什四位学者的作品。为了冲破斯大林体系的束缚，这些学者的价值取向和理论定位是对于马克思主义和社会主义的人道主义的理解。有的从宏观层面探讨了社会主义的现实性和必要性，比如赫格居什，有的从微观层面揭示社会主义人道主义的具体途径和内在机制，比如赫勒的日常生活理论、瓦伊达的共产主义与家庭理论、马尔库什的妇女解放问题等。在这本论文集中，赫勒对社会主义的关怀以《马克思的革命力量和日常生活的革命》和《从人的需要的观点理解理论和实践》两篇论文为依据，提出了微观层面对变革人的存在方式具有重要的意义。

"社会主义"问题从此成为赫勒一生所关心的重要议题，但在随后出版的《历史理论》中，赫勒没有延续早期的理论范式进行继续研究，而是从历史哲学角度给予创新。这次创新，在原有理论的基础上，赫勒提出社

会主义与历史哲学具有亲缘关系。这样社会主义就不再是一个独立的问题出现在赫勒著作中，它变成了一种历史哲学问题。赫勒用历史哲学框架社会主义，目的通过探讨社会主义本身的内在规定性，从历史未来层面审视社会主义，进而提出社会主义认识论问题。什么是社会主义认识论问题，对赫勒而言，就是人们如何基于历史当下境况，重新认识社会主义的内涵和外延。

在赫勒看来，历史哲学分为社会主义版本和非社会主义版本，而她关注的历史哲学一定是社会主义式的历史哲学。没有历史哲学理论杠杆，社会主义也可以被论证，但赫勒认为社会主义与历史哲学有亲缘关系。社会主义代表着一个历史阶段，人们对这一阶段的思考，恰恰是历史哲学。历史哲学是孕育社会主义的温床。研究历史哲学就不能忽视社会主义，认识社会主义需要在历史哲学层面进行把握，这很大程度上体现了赫勒对马克思主义的关怀。

一切社会主义历史哲学都具有批判性，这是赫勒进行的一般性概括。由于社会主义面向的是未来，所以这种批判性，体现为对历史当下的超越以及如何超越的问题。社会主义历史哲学的理论着眼点是对当下的批判，使命是通过改变旧的社会制度，创建更加先进更加完美更加人性化的新制度。赫勒认为社会主义历史哲学的这一使命，也界定了"社会主义"这一概念的意义。"使命的具体成就和'社会主义'这个术语的意义的同一化导向了而且仍然会导向被谋划的未来社会的重新命名。"① 这就意味着未来社会可以称为共产主义、可以称为一个联合起来的生产者的社会、一个

---

① ［匈］赫勒. 历史理论［M］. 李西祥，译. 哈尔滨：黑龙江大学出版社，2015：273.

自我管理的社会、实质民主或激进民主,如此等等。从此来看,这也是赫勒为什么一直声称历史未来实在性始终是缺席的主要原因。因为未来社会所能表现出的样态具有多元性,无法用"某一种"或"唯一"加以确定。唯一能够确定的是,历史未来代表着社会进步。

社会主义为历史未来带来多种命名,赫勒进一步指出,这源于社会主义对历史当下的批判的目标的不同造成的。有的社会主义批判针对的是商品生产,有的针对的是劳动分工,有的针对的是私有财产,国家制度等等方面,赫勒为此提出四种类型的社会主义。类型一,社会主义历史哲学批判的标靶是:个体主体、自我主义和以压迫为基础的生活方式。新的社会模式包含:以共同体为基础的生活形式。在这个共同体内部,个性化消除、民族消亡,农业具有优先性、工业发展受到限制,公共财产代替私有财产。类型二,社会主义历史哲学批判的标靶是财富的不平等。新的社会模式包含着:财产的平衡化、贫穷的消除、国家的进行按需分配。类型三,社会主义历史哲学批判的标靶是商品生产。新的社会模式包含:劳动分工的取消、国家的取消、实质理性、教育平等。类型四,社会主义历史哲学批判的标靶是政治统治。新的社会模式包含:国家和一切政治制度的消除,个性的自由发展或公民意志控制国家权力,民主舆论控制市场经济。

赫勒把社会主义历史哲学进行了四种划分,但从她对社会主义的具体划分和规定来看,类型与类型之间并没有明确的界限,甚至在内容和主旨上存在交叉重叠部分。赫勒用一句话总结道:社会主义历史哲学批判的核心是要求"消除以私有财产的独占性为基础的战争和统治"。赫勒认为这是最典型的社会主义历史哲学。事实上,赫勒所做的类型学划分,不过是对马克思主义社会主义思想的归纳和梳理。相较于马克思主义的社会主义，赫勒没有突破性创新。甚至还没能像马克思一样解释清楚，为什么社会主义试图批判历史当下，超越历史当下，创建新的社会制度。赫勒对社会主义类型学的划分，其好处是使马克思主义论述的社会主义思想，更加条分缕析。

但如果仔细追究赫勒对社会主义历史哲学的界定，与马克思主义社会主义之间仍存在细微差别。这关乎的问题是社会主义本身是理念还是现实生活。马克思主义认为社会主义不仅是一种理论，还是一种社会实践，人们应当且已经体验了的现实生活。赫勒却不这样认为，在赫勒看来社会主义是内在于工业化文明进程之中的趋势，社会主义是一个完美的新理念。社会主义寄托着人们对平等、自由、公平、正义社会的期许，它类似于梦想、诗歌和宗教。但又不等于梦想、诗歌和宗教，社会主义把自身当成人类历史前进的目标，看成历史发展的结果。当赫勒把社会主义视为一种历史进步理念时，赫勒也就等于把社会主义看成道德乌托邦，强调人们不必在意社会主义是否已经实现，应该在意的是"社会主义"自身散发的道德价值。"社会主义"是规范和制约人类历史当下行动的道德哲学，只要按照"社会主义"的要求行动，社会在历史未来的发展过程，自然而然变得更加美好。即便未来社会不称之为社会主义，历史未来它也是"社会主义"的化身。

二、未来和世界由社会主义引导

赫勒的社会主义思想作为马克思社会主义思想的一种延伸，体现了对马克思社会主义思想的继承和改造。对赫勒而言，社会主义作为一定历史阶段的产物，它满足了人们有关历史未来的乌托邦想象，这种乌托邦恰恰引领了世界和未来。赫勒从现实生活的角度否定了社会主义存在的实在性，但从乌托邦角度肯定了社会主义存在的价值和意义。"社会主义是世界和未来的导向，并且它把它的最终目标，即对当下社会的超越看成是必须理解并因而被超越的现存社会结果。"① 从赫勒的表述可以发现，赫勒把社会主义视作世界和未来的导向，但并没有在事实的或现实的层面认可社会主义，这并不意味着赫勒已经知道了关于未来的某种"真实"事情，从而否定社会主义存在的实在性。赫勒自己也曾表示，她拒绝从现实存在的角度肯定社会主义已经成为一种经验生活，不是因为她预料到了未来的真实形态，也不是因为她有充足的理由宣称未来就并非是社会主义。对于未来为何种形态，赫勒声明自己不是先知，无法通过占卜的方法确定未来"是什么或不是什么"，只能肯定社会主义是一种合理性的乌托邦。社会主义像所有其他哲学一样，致力于"最完美的存在，最现实的存在"②，用永恒的观点，消灭社会中一切不合理的因素。

赫勒曾在《历史理论》出版以前的《激进哲学》中明确提出，每一种哲学都包含了"实然"和"应然"之间的张力，"实然"建立在"应然"基础上，"应然"其实就是一种合理性的乌托邦。马克思哲学也蕴含着"实然"和"应该"之间的张力。马克思哲学的"应然"部分就是共产主义，他的共产主义就是一种合理性的乌托邦。"马克思的'应然'，他的合理性的乌托邦就是共产主义，是异化——个体与人类之间的矛盾——

---

① ［匈］赫勒. 历史理论［M］. 李西祥，译. 哈尔滨：黑龙江大学出版社，2015：272.
② ［匈］赫勒. 激进哲学［M］. 赵司空，孙建茵，译. 哈尔滨：黑龙江大学出版社，2011：126.

得以克服的联合生产者的共同体。"① 由此可见，赫勒把马克思有关历史未来的认识看成了合理性乌托邦。1978 年《激进哲学》影响了赫勒 1982《历史理论》的出版，在此基础上，赫勒进一步强调，社会主义也是马克思哲学"实然"部分，是一种合理性乌托邦。"历史的社会主义理论的信徒有义务按照乌托邦的规范行动并创造对应的制度，同时为他们的理念来论证。但这些信徒没有资格预言乌托邦是否会实现，只能预言它应该实现。"② 应该实现只能作为理念从"实然"中引出，而不能成为普遍化接受。

这说明赫勒在阐释社会主义时，更想在价值层面探讨社会主义概念或理念引导了世界和未来的走向。作为一种合理性的乌托邦，赫勒视社会主义为现存规范和实践在共同建构生活经验过程的价值理性选择。对赫勒而言，"社会主义"作为一种合理性的乌托邦创造了人们评价现实生活经验的动机，激发了人们改变不合理因素的意愿。任何生活经验都值得评价，不存在不被评价的生活经验，不同生活经验具有不同的评价体系，但仍然存在某种"共同的成分"。社会主义便构成评价不同生活经验的"共同的成分"。"这种'共同成为'一定就是动机，对这种理念的乐意接受的动机。"③ 这种动机不是空洞的欲望和意愿，而是一种真实的意愿、一个责任和一种义务。只有人们首先拥有评价或批判现存社会，创造美好生活的意愿，才能根据评价的尺度、标准和规范，采取相应的行动。"在这种意

---

① ［匈］赫勒. 激进哲学［M］. 赵司空，孙建茵，译. 哈尔滨：黑龙江大学出版社，2011：126.

② ［匈］赫勒. 历史理论［M］. 李西祥，译. 哈尔滨：黑龙江大学出版社，2015：323.

③ ［匈］赫勒. 历史理论［M］. 李西祥，译. 哈尔滨：黑龙江大学出版社，2015：324.

愿中，明天也就变成了今天，即使它仍旧是明天。"① 没有这种意愿人们就不会认识到现存世界的不满，不会为改变一切现存世界的不满而行动。社会主义理念创造了历史进步的意愿，赫勒认为这种合理性乌托邦是人类向类本身的复归，是历史中发展的人长期流浪的终点。在阐释社会主义历史哲学时，表面上看赫勒视社会主义为合理性乌托邦，不从生活经验层面界定社会主义的实存性，但归根结底仍然流露出社会主义理念最终服务于经验生活。

不管社会主义是否已经成为一种人们赖以生存的社会载体，社会主义首先作为引导和世界未来走向的价值规范而存在。社会主义在引导世界和未来中所起到的作用是，增加了人们迈向美好生活的意愿。赫勒不敢断言未来社会就是社会主义社会或不是社会主义社会，但当她把社会主义当成一种合理性的乌托邦用来引导世界和未来走向时，赫勒本人对历史未来的发展充满着积极乐观精神。赫勒不是在"乌有之地"层面解说社会主义乌托邦，而是在"希望之地"层面解说社会主义乌托邦。赫勒的这种观点，类似于布洛赫的乌托邦情结。布洛赫曾指出社会主义的本质精神就是乌托邦，唯有乌托邦才能解放人类，促进人类历史进步。乌托邦分为"具体的乌托邦"和"抽象的乌托邦"，马克思主义之前倡导的社会是一种抽象的空洞的乌托邦，而马克思主义倡导的社会由于考虑了社会与人的相互关系，所以是一种"具体的乌托邦"。这种"具体的乌托邦"引导了人类生活，成为人类历史进步的目标，体现了人道主义关怀。在布洛赫看来，世界永远是一个向未来开放的状态，具体的乌托邦承载了人类期望达到的美

---

① ［匈］赫勒. 历史理论［M］. 李西祥，译. 哈尔滨：黑龙江大学出版社，2015：328.

好状况，即一个自由、民主、平等的社会制度。乌托邦可以等同于"现实性""可能性"或"潜在趋势"，赫勒通过继承布洛赫的这种主张，进一步引申道，社会主义预示了历史未来的可能性，并且在现实性上社会主义代表了一种规范人类历史当下行动的道德准则。

三、聚焦马克思社会主义思想

通过赫勒有关"社会主义"的阐释可以发现，《历史理论》与赫勒在《社会主义的人道主义》论文集中的论述产生明显区别。如果说早期论文集赫勒是在"社会主义"体系下，以解决具体的社会问题完善社会主义体制，那么《历史理论》则反映了赫勒对社会主义本身的反思和重构。在巨大的反差下，赫勒不再从现实生活层面探讨社会主义，而是把社会主义视作合理性乌托邦。赫勒认为社会主义与历史哲学具有亲缘关系，集中地体现为对历史当下现实的批判，批判的目的是对自由与平等的渴望。自由与平等充当了社会主义合理性的乌托邦，而世界和未来恰恰需要这种社会主义。赫勒改变早期对社会主义的认识，使社会主义凌驾于乌托邦高度，因而值得追问的是，赫勒为什么或以何种方式扭转了既有观点。对这一问题的回答可以说，赫勒对社会主义态度的改变，必须聚焦马克思的社会主义思想。

马克思的社会主义思想是 19 世纪以来最伟大的社会主义思想，它在理论和现实层面对改变世界起到积极的推动作用。赫勒把社会主义视为引导世界和未来的合理性的乌托邦，这种观点显然充满了对马克思社会主义思想的批判意识。不过有一点可以肯定，赫勒虽然对马克思的社会主义思想进行了批判，但并没有进行完全彻底的否定。赫勒采用哈贝马斯的态度，指出在尊重马克思所取得的伟大成果的前提下，具体地历史地反思马克思及其著作。从马克思的体系中挑选有价值的命题，抛弃其他，这种方式学习马克思理论不是心怀憎恨或不轨，而是最为可行。"马克思的著作是社会主义所产生的历史哲学最伟大的体系。"① 马克思比其他任何人，包括黑格尔、弗洛伊德等人在内，有力地回答了人们历史存在的意义。

在此基础上赫勒提出了对马克思社会主义思想的批评，认为马克思历史化了人的存在，但却以非历史的形式或形而上学的形式解决了社会中存在的矛盾。马克思看到人的本质不是固有的抽象物，现实层面是一切社会关系的总和。人类若想获得自由平等，只有在劳动异化消除的基础上才能实现。资本主义创造了一新的社会形态，但同时也带来了剥削和压迫，所以资本主义社会不是一个完满的社会形式，社会主义或共产主义才是实现人类平等的真正载体。而社会变革需要中介发挥作用，这个中介就是生产力或经济基础。② "大体说来，亚细亚的、古代的、封建的和现代资产阶级的生产方式可以看作是社会经济形态演进的几个时代。资产阶级的生产关系是社会生产过程的最后一个对抗形式，这里所说的对抗，不是指个人的对抗，而是指从个人的社会生活条件中生长出来的对抗；但是，在资产阶级社会的胎胞里发展的生产力，同时又创造着解决这种对抗的物质条件。"马克思把生产力看成改变社会形态的中介，认为生产力发展带动社会主义社会的实现，在赫勒看来，这其中存在一定的矛盾。

赫勒指出，马克思社会主义思想的问题就在于，没有现实地历史地处理好生产力与生产关系、经济基础与上层建筑之间的矛盾。从《巴黎手

---

① ［匈］赫勒. 历史理论［M］. 李西祥，译. 哈尔滨：黑龙江大学出版社，2015：275.
② 马克思，恩格斯. 马克思恩格斯文集：第4卷［M］. 北京：人民出版社，2009：592.

稿》到《资本论》，马克思倾向于把历史进步看作生产力推动的结果，同时设定上层建筑对经济基础的依赖。但"生产力的发展"并不能被视为贯穿历史"总体"的独立变量。按其生产范式，物质财富的创造排他性地充当独立变量。独立变量（生产力的发展）以无条件的方式变成了历史中连续性的仓库。赫勒认为"这种独立变量只能说明了发展或进步，而不能说明同一进步中的非连续性，未能说明进步社会形态的个别性"①。这就意味着赫勒从现实社会中的各种不平衡状况发现，随着时间和空间的推移，生产力的发展并未带动社会整体的进步。科技在日新月异的变化，政治、文化、道德等方面却没有与之进行同步增长。进而赫勒强调马克思不是没有看到其中的矛盾所在，只是辩证地在哲学范畴下进行了调节。为了强调历史是进步的，是不断走向自由和平等的，马克思用无产阶级作为思想的武器变革内在矛盾，在形式上无产阶级获得了自由，但现实结果却告诉人们，无产阶级最终还是屈服于经济的必然性，变成了现代性的奴隶阶级，成为一种异化了的商品。

因此，自由的增长并不是现实，只是一种可能性。未来被过去"证明"，而过去是由附加于这个未来的价值所建构，所以未来所预示的自由平等也就变成了合理性的乌托邦。赫勒指出："一种认为自由的增长仅仅是在生产的发展使历史的行动者能够在此时此地实现它的意义上的理论，远远优于生产力的发展（技术、知识、科学）已经是，并现实地和自在地式自由的增长的'承担者'的实证主义的论证。"② 那么"生产力的发展"意味着什么？赫勒回答到，它只是让人们知道了历史发展遵循着这样一个

---

① ［匈］赫勒. 历史理论［M］. 李西祥，译. 哈尔滨：黑龙江大学出版社，2015：280.
② ［匈］赫勒. 历史理论［M］. 李西祥，译. 哈尔滨：黑龙江大学出版社，2015：280.

客观的过程，技术、知识、科学与自由平等应该按照这种逻辑获得进步，但是切记并非它们之间存在着相互制衡的张力，进步不一定是同时完成的。

接下来面对的问题就是，历史未来还能否被视作"真实实在"。赫勒通过揭露马克思社会主义思想内在矛盾怀疑地认为，马克思的社会主义思想只能说明是历史未来的一种可能性。社会主义是引导历史当下进步的目标，但这种社会主义以消除商品异化建立自由平等的共同体，只能视为合理性的乌托邦。合乎理性的乌托邦不是"抽象的乌托邦"，而是"具体的乌托邦"，寓意着实现的可能性，同时也给人们带来迈向美好生活的动力。

赫勒对马克思社会主义进行了解构，从这一解构可以看出，赫勒的理论旨趣与一些学者反对第二国际的"经济决定论"存在异曲同工之处。所不同的是，赫勒认为她没有因为据斥马克思的"经济决定论"而据斥马克思的全部思想，目的是通过解构以适应历史当下境况。时代需要社会主义，它必须通过回答关于历史存在的意义，在理论上得到满足。马克思的社会主义思想在他所处的历史条件下，满足了时代需要，而我们应该致力于建构适应现代社会历史当下的理论，满足时代需要。

结　语

作为历史哲学家，赫勒的著作中有许多关乎历史的隐喻，其中之一就是"火车站"。《碎片化的历史哲学》一书的最后一章，也是题为"在火车站"。赫勒把火车站和港口、机场做比较，重心落在火车站上，与火车相关的术语和意象有铁路、火车站、车站连接的城市，等等。赫勒着重表达了这样一个观点："正是火车和火车站有意识地或者无意识地开启了支配性的历史想象。"① 她也是从"实体的铁路"出发，阐释"形而上学的铁路"。

火车向前移动，历史也被假定为向前移动；历史的火车表需要科学制定；不只是个别人试着去赶上现代历史的隐喻性的快速列车，一些民族和国家也是如此；铁路的形而上学是线性历史的形而上学；20 世纪以来的历史表明，这种形而上学具有极大的悲剧性……赫勒由此推断，"火车站，一个在城市和旅行、传统和未来之间的联系，是绝对现代的隐喻"②，后

---

① ［匈］赫勒. 碎片化的历史哲学［M］. 赵海峰，译. 哈尔滨：黑龙江大学出版社，2015：287.
② ［匈］赫勒. 碎片化的历史哲学［M］. 赵海峰，译. 哈尔滨：黑龙江大学出版社，2015：295.

现代的人们定居在"现在的火车站"。选择生活在火车站，就是选择我们的"现在"，我们的"世界"。我们是被偶然抛入这个世界的，也只能在这里生活，此外别无选择。拥有一个世界，也就是意味着在这个世界中生活、行动、交流，意味着我们自己将其变成一个有意义的地方。"所有的火车站的共和国构成人的境况，那就是人类世界。"①

赫勒写道，铁路是在"黑格尔去世的那一年"诞生的，伦敦的主要火车站则是在马克思"孤独地待在朴素的居所中致力于他的代表作的同一时刻"被建造或重建的。这固然不乏历史的巧合，但也大有深意。"形而上学的火车和形而上学的火车站的想象，一定已经在这个杰出的德国移民的历史想象中施加了一个深远的影响。"② 针对赫勒的这种观点，我们有必要回顾马克思对火车、铁路的相关论述。

1850 年的一天晚上，威廉·李卜克内西与马克思彻夜长谈，围绕他们在伦敦牛津街上一家玩具店橱窗展示的"电动蒸汽铁路"进行讨论。马克思认为，自然科学正在准备一次新的革命，如果说蒸汽大王在前一世纪中翻转了整个世界，那么，它的统治已到末日，将为另外一个更为伟大的革命力量——电力的火花所取代。他们一致认为，如果将铁路的生产力与"电火花"的生产力互相结合起来，世界的变革就无法阻挡。③

马克思一直非常重视铁路对解放生产力的作用。在《资本论》第三卷中，马克思提及铁路的地方有 7 处。马克思曾指出："缩短流通时间的主

---

① ［匈］赫勒. 碎片化的历史哲学［M］. 赵海峰，译. 哈尔滨：黑龙江大学出版社，2015：297.
② ［匈］赫勒. 碎片化的历史哲学［M］. 赵海峰，译. 哈尔滨：黑龙江大学出版社，2015：288.
③ 吴兴人. 想起马克思谈"电气铁路"［N］. 解放日报，2015 - 04 - 19.

要方法是改进交通。近五十年来，交通方面已经发生了革命，只有十八世纪下半叶的工业革命才能与这一革命相比。在陆地上，碎石路已经被铁路排挤到次要地位。"在马克思的时代，欧洲的铁路正随着财富和物资的流动，在城乡各地迅速蔓延伸展。马克思展望，在其时的英国，用电力取代蒸汽作动力是完全可能的，可以大大加快火车行进的速度，而铁路速度的加快，又能进一步改进交通，促进新的生产力的解放，甚至有望促成新的工业革命的到来。马克思关于铁路有一些非常精彩的论述，比如："假如必须等待积累去使某个资本增长到能够修建铁路的程度，那么恐怕直到今天世界上还没有铁路，但是，通过股份公司转瞬间就把这件事完成了。"①

赫勒写道："有时，历史被等同于火车头本身。"② 这应该是指马克思《1848年至1850年的法兰西阶级斗争》所说的"革命是历史的火车头"。马克思所说的革命，主要是指社会革命，即社会进步力量所进行的，促使一种社会形态转变为另一种社会形态、一种社会制度转变为另一种社会制度这种根本性变革的前进运动。人类社会的基本矛盾，是生产力和生产关系之间的矛盾、经济基础和上层建筑之间的矛盾。正是这种基本矛盾的运动，推动着人类社会向前发展。

基于赫勒的"火车站隐喻"，我们尝试对本书"绪论"中提出的如下四个问题给出暂时的、一般性的回答：（1）如何看待赫勒的"历史哲学三部曲"？（2）如何认识赫勒历史哲学思想在历史哲学发展史上的地位？（3）如何看待赫勒历史哲学思想在赫勒思想体系中的地位？（4）如何把

---

① 马克思，恩格斯. 马克思恩格斯文集：第5卷 [M]. 北京：人民出版社，2009：724.
② [匈] 赫勒. 碎片化的历史哲学 [M]. 赵海峰，译. 哈尔滨：黑龙江大学出版社，2015：287.

握赫勒历史哲学思想与马克思历史唯物主义的关系？

关于第一个问题，综前所述，从"三部曲"前两部的书名来看，称作"历史哲学三部曲"比较恰当，因为赫勒是从历史性、历史编纂学的思考深入到历史哲学，并在对思辨历史哲学的批评和反思中展示自己的历史理论也就是"碎片化的历史哲学"的，《现代性理论》一书的工作是为这种碎片化的思考提供一个社会理论的基础，有了《现代性理论》，碎片化的历史哲学就不再是撒落一地的碎片，而成为串联起来的珍珠。如果我们把重心放在《现代性理论》一书上，就应该把"三部曲"称作"现代性理论三部曲"，之前关于历史哲学的思考不过是为现代性的理论思考提供一个历史视域和历史哲学平台，最终必须回到现代社会的构架和运行逻辑。所谓"在火车站"，就是立足现代性的当下，基于现代社会的当下。

关于第二个问题，综前所述，如果把历史哲学的发展归结为从思辨的历史哲学、分析的历史哲学演变为叙事的历史哲学，那么，赫勒历史哲学思想显然属于叙事的历史哲学，因为它的工作重心不是寻求历史的本质和规律，也不是从语词和逻辑分析的角度阐述历史认识问题，而是从话语和社会变迁的角度来探求历史意识的变迁轨迹。然而，赫勒的这种叙事的历史哲学与海登·怀特有很大的不同，这个不同就文本的角度来看，怀特是从文学史的研究出发，走向历史哲学研究，赫勒则是从日常生活的研究出发，走向历史哲学的。质言之，怀特没有赫勒《现代性理论》之类的作品。就此而言，我们认为，赫勒历史哲学思想扩展了叙事的历史哲学的理路，丰富了叙事的历史哲学的构成，使得叙事的历史哲学富有了多元思考的空间。

关于第三个问题，由于时间和精力的限制，无法对赫勒的主要文本逐一细读，因而无法对赫勒思想体系的演变过程和基本构成做出总体论断，只能泛泛而谈，可能不大妥当。依据我们目前的认识，赫勒是一个现代性理论家、现代社会理论家，她全部的著作都是思考现代性和现代社会问题，由此，赫勒历史哲学思想在其思想体系中的地位问题，也就可以转化为这样的问题：她的历史哲学思想在何种意义上是一种现代性的思考？如果这样的转化成立，那么，随之而来的答案就可以结合并参照前面对第一个问题的回答。赫勒的历史哲学思想，不是就历史哲学谈历史哲学，而是立足现代性的立场、基于现代社会的关怀来谈历史哲学。她的历史哲学事实上是在回答这样的问题：现代性从何处来，往何处去？并且，目前置身何处？如此说来，赫勒的历史哲学思想在其思想体系中的地位就极为重要了。

关于第四个问题，可以放在马克思历史唯物主义——卢卡奇历史辩证法——赫勒历史意识思想的链条上看待。马克思历史唯物主义作为对主体和现实之间实践的能动关系的把握，对实践活动及其产物的唯物主义认识，包含着人学、社会发展理论和历史理论，构成现代性思考的一个基本理论平台。卢卡奇从重述近代理性主义入手，继承和发展了马克思的历史唯物主义，强调马克思主义辩证法足以纠正黑格尔的缺点，因为它在无产阶级中发现了历史主客体的统一。无产阶级意识作为历史辩证法的内在结果既体现了历史必然性，又克服了对历史必然性的机械理解。作为卢卡奇的高足，赫勒延续了对近代理性主义的批判，从人类总体的视角来阐释历史意识，应当说是参照了马克思的《1844年经济学哲学手稿》，遗憾的是，她对马克思历史理论存在某些方面的误解。

赫勒把共有的生活经验及对这些经验的描述与反思称作"社会现实"，

由于每一种生活经验都具有独特性，"社会现实"从不同的角度予以表述，也就具有相去甚远乃至大相径庭的面目。就此而言，我们应当且只能基于自己的生活经验，把握我们所置身的社会现实，体悟现代性的本质。20世纪以来中国的社会现实，及我们所体认的现代性，内在地要求马克思主义的中国化，要求一切外来的现代思想的中国化，同时，也要求中国传统思想的现代化。此一过程中所展现的历史意识，有待于我们认真地感悟和阐发。

参考文献

（一）中文著作及译著

[1] 马克思, 恩格斯. 马克思恩格斯文集: 1-10 卷 [M]. 北京: 人民出版社, 2009.

[2] 马克思, 恩格斯. 德意志意识形态（节选本）[M]. 北京: 人民出版社, 2003.

[3] 马克思, 恩格斯. 共产党宣言 [M]. 北京: 人民出版社, 2009.

[4] [美] 文迪·林恩·李. 马克思 [M]. 陈文庆, 译. 北京: 中华书局, 2014.

[5] [匈] 卢卡奇. 历史与阶级意识 [M]. 杜章智, 任立, 艳宏远, 译. 北京: 商务印书馆, 2009.

[6] [法] 路易·阿尔都塞. 保卫马克思 [M]. 顾良, 译. 北京: 商务印书馆, 2010.

[7] [英] S. H. 里格比. 马克思主义与历史学——一种批判性的研究 [M]. 吴英, 译. 南京: 译林出版社, 2012.

[8] [美] 威廉姆·肖. 马克思的历史理论 [M]. 阮仁慧, 等译. 重庆: 重庆出版社, 2007.

[9] [日] 望月清司. 马克思历史理论的研究 [M]. 韩立新, 译. 北京: 北京师范大学出版社, 2009.

[10] [匈] 普蕾德拉格·弗兰尼茨. 马克思主义与社会主义 [M]. 杨元格, 译. 哈尔滨: 黑龙江大学出版, 2014.

[11] [法] 莱姆克, 等. 马克思与福柯 [M]. 陈元, 等译. 上海: 华东师范大学出版社, 2007.

[12] [美] 马克·波斯特. 福柯、马克思主义与历史 [M]. 张金鹏, 译. 南京: 南京大学出版社, 2015.

[13] [匈] 米哈伊·瓦伊达. 国家与社会主义——政治论文集 [M]. 杜红艳, 译. 哈尔滨: 黑龙江大学出版社, 2015.

[14] [美] 莫里斯·迈斯纳. 马克思主义、毛泽东主义与乌托邦主义 [M]. 张宁, 陈铭康, 译. 北京: 中国人民大学出版社, 2004.

[15] [匈] 阿格妮丝·赫勒. 历史理论 [M]. 李西祥, 译. 哈尔滨: 黑龙江大学出版社, 2015.

[16] [匈] 阿格妮丝·赫勒. 碎片化的历史哲学 [M]. 赵海峰, 高来源, 范为, 译. 哈尔滨: 黑龙江大学出版社, 2015.

[17] [匈] 阿格妮丝·赫勒. 现代性理论 [M]. 李瑞华, 译. 北京: 商务印书馆, 2005.

[18] [匈] 阿格妮丝·赫勒. 日常生活 [M]. 衣俊卿, 译. 哈尔滨: 黑龙江大学出版社, 2010.

[19] [匈] 阿格妮丝·赫勒. 激进哲学 [M]. 赵司空, 孙建茵, 译.

哈尔滨：黑龙江大学出版社，2011.

　　[20]［匈］阿格妮丝·赫勒.卢卡奇再评价［M］.衣俊卿，等译.哈尔滨：黑龙江大学出版社，2011.

　　[21]［德］黑格尔.世界史哲学讲演录（1822—1823）［M］.刘立群，等译.北京：商务印书馆，2014.

　　[22]［德］黑格尔.精神现象学［M］.先刚，译.北京：人民出版社，2013.

　　[23]［德］黑格尔.历史哲学［M］.王造时，译.上海：上海书店出版社，2006.

　　[24]［美］汤姆·罗克摩尔.黑格尔：之前和之后——黑格尔思想历史导论［M］.柯小刚，译.北京：北京大学出版社，2005.

　　[25]［加］查尔斯·泰勒.黑格尔［M］.张国清，朱进东，译.南京：译林出版社，2012.

　　[26]［英］斯蒂芬·霍尔盖特.黑格尔导论——自由、真理与历史［M］.丁三东，译.北京：商务印书馆，2013.

　　[27]［澳］彼得·辛格.黑格尔［M］.张卜天，译.南京：译林出版社，2015.

　　[28]［美］特里·平卡德.黑格尔传［M］.朱进东，朱天幸，译.北京：商务印书馆，2015.

　　[29]［美］艾莉森·利·布朗.黑格尔［M］.彭俊平，译.北京：中华书局，2014.

　　[30]［德］哈尔巴特·施奈德巴哈.黑格尔之后的历史哲学［M］.杭州：浙江大学出版社，2014.

［31］［意］维柯. 新科学［M］. 朱光潜, 译. 北京: 商务印书馆, 2012.

［32］［德］康德. 历史理性批判文集［M］. 何兆武, 译. 北京: 商务印书馆, 1990.

［33］［德］尼采. 历史对于人生的利弊［M］. 杨东柱, 王哲, 译. 北京: 北京出版社, 2010.

［34］［德］狄尔泰. 历史中的意义［M］. 艾彦, 译. 南京: 译林出版社, 2011.

［35］［德］狄尔泰. 历史理性批判手稿［M］. 陈锋, 译. 上海: 上海译文出版社, 2012.

［36］［法］孔德. 论实证精神［M］. 黄建华, 译. 南京: 译林出版社, 2011.

［37］［法］保罗·利科. 历史与真理［M］. 姜志辉, 译. 上海: 上海译文出版社, 2015.

［38］［意］克罗齐. 历史学的理论和历史［M］. 田时纲, 译. 北京: 中国人民大学出版社, 2012.

［39］［英］柯林伍德. 历史的观念［M］. 何兆武, 张文杰, 译. 北京: 商务印书馆, 2004.

［40］［英］W. H. 沃尔什. 历史哲学导论［M］. 何兆武, 张文杰, 译. 北京: 北京大学出版社, 2012.

［41］［英］格鲁内尔. 历史哲学——批判的论文［M］. 隗仁莲, 译. 桂林: 广西师范大学出版社, 2003.

［42］［法］雷蒙·阿隆. 历史讲演录［M］. 张琳敏, 译. 上海: 上海译文出版社, 2011.

[43] [德] 约恩·吕森. 历史思考的新途径 [M]. 綦甲福，来炯，译. 上海：上海人民出版社，2005.

[44] [美] 海登·怀特. 元史学：19 世纪欧洲的历史想象 [M]. 陈新，译. 南京：译林出版社，2009.

[45] [英] 汤因比，等. 历史的话语——现代西方历史哲学译文集 [M]. 张文杰. 北京：中国人民大学出版社，2012.

[46] [德] 卡尔·洛维特. 世界历史与救赎历史：历史哲学的神学前提 [M]. 李秋零，田薇，译. 上海：上海人民出版社，2006.

[47] [美] 奥格尔格·G. 伊格尔斯. 德国的历史观——从赫尔德到当代历史思想的民族传统 [M]. 彭刚，顾杭，译. 南京：译林出版社，2014.

[48] [美] 彼得·诺维克. 那高尚的梦想："客观性问题"与美国历史学界 [M]. 杨豫，译. 北京：生活·读书·新知三联书店，2009.

[49] [波兰] 亚当·沙夫. 历史与真理 [M]. 张笑夷，译. 哈尔滨：黑龙江大学出版社，2014.

[50] [法] 雅克·勒高夫. 我们必须给历史分期吗？[M]. 杨嘉彦，译. 上海：华东师范大学出版社，2018.

[51] [美] 曼德尔鲍姆. 历史知识问题——对相对主义的答复 [M]. 徐纪亮，译. 北京：北京大学出版社，2012.

[52] [英] 卡尔·波普尔. 历史主义贫困论 [M]. 何林，等译. 北京：中国社会科学出版社，1998.

[53] [英] R. M. 伯恩斯，H. R. 皮卡德. 历史哲学：从启蒙到后现代性 [M]. 张羽佳，译. 北京：北京师范大学出版社，2008.

[54] [波兰] 埃娃·多曼斯卡. 邂逅——后现代主义之后的历史哲学 [M]. 彭刚, 译. 北京: 北京大学出版社, 2007.

[55] [美] 弗朗西斯·福山. 历史的终结与最后的人 [M]. 陈高华, 译. 桂林: 广西师范大学出版社, 2014.

[56] [英] 莱蒙. 历史哲学: 思辨、分析及其当代走向 [M]. 毕芙蓉, 译. 北京: 北京师范大学出版社, 2009.

[57] [英] 索斯盖特. 历史的旨趣: 在后现代性的地平线上 [M]. 张立波, 唐闻笳, 译. 北京: 北京师范大学出版社, 2016.

[58] [法] 利奥塔. 后现代状态: 关于知识的报告 [M]. 车槿山, 译. 北京: 生活·读书·新知三联书店, 1997.

[59] [德] 哈贝马斯. 现代性的哲学话语 [M]. 曹卫东, 等译. 南京: 译林出版社, 2007.

[60] [法] 福柯. 词与物: 人文科学考古学 [M]. 莫伟民, 译. 北京: 生活·读书·新知三联书店, 2005.

[61] [法] 福柯. 疯癫与文明——理性时代的疯癫史 [M]. 刘北成, 杨远婴, 译. 北京: 生活·读书·新知三联书店, 2012.

[62] [美] 詹明信. 晚期资本主义的文化逻辑 [M]. 陈清侨, 等译. 北京: 生活·读书·新知三联书店, 2013.

[63] [美] 卡林内斯库. 现代性的五副面孔 [M]. 顾爱彬, 李瑞华, 译. 北京: 商务印书馆, 2002.

[64] [德] 卡尔·曼海姆. 意识形态与乌托邦 [M]. 黎鸣, 李书崇, 译. 北京: 商务印书馆, 2000.

[65] [美] 马歇尔·伯曼. 一切坚固的东西都烟消云散了 [M]. 张

辑，徐大建，译．北京：商务印书馆，2003.

　　[66]［德］维尔默．论现代和后现代的辩证法［M］．钦文，译．北京：商务印书馆，2003.

　　[67]［德］沃尔夫冈·韦尔施．我们的后现代的现代［M］．洪天富，译．北京：商务印书馆，2004.

　　[68]［英］特里·伊格尔顿．后现代主义的幻想［M］．华明，译．北京：商务印书馆，2014.

　　[69]［美］约翰·格雷．黑弥撒：末世信仰乌托邦的终结［M］．付强，译．北京：中国社会科学出版社，2013.

　　[70]［美］阿里夫·德里克．后革命时代的中国［M］．李冠南，董一格，译．上海：上海人民出版社，2015.

　　[71]黎澍，蒋大椿．马克思恩格斯论历史科学［M］．北京：人民出版社，1984.

　　[72]陈先达．走向历史的深处：马克思历史观研究［M］．北京：中国人民大学出版社，2010.

　　[73]杨耕．马克思主义历史观研究［M］．北京：北京师范大学出版社，2012.

　　[74]俞吾金．从康德到马克思［M］．桂林：广西师范大学出版社，2004.

　　[75]赵家祥．马克思主义历史哲学（5卷本）［M］．长春：吉林人民出版社，2006.

　　[76]姜佑福．历史：思辨与实践——论马克思与黑格尔历史观念的基本差别［M］．上海：复旦大学出版社，2013.

[77] 衣俊卿. 东欧马克思主义精神史研究 [M]. 哈尔滨：黑龙江大学出版社，2015.

[78] 赵司空. 后马克思主义与后现代的乌托邦——阿格妮丝·赫勒后期思想述评 [M]. 上海：上海社会科学院出版社，2013.

[79] 李霞. 个性化的日常生活如何可能——赫勒日常生活理论研究 [M]. 北京：人民出版社，2011.

[80] 李晓晴. 激进需要与理性乌托邦——赫勒激进需要革命论研究 [M]. 哈尔滨：黑龙江大学出版社，2011.

[81] 王秀敏. 个性道德与理性秩序——赫勒道德理论研究 [M]. 哈尔滨：黑龙江大学出版社，2011.

[82] 侯鸿勋. 论黑格尔的历史哲学 [M]. 上海：上海人民出版社，1982.

[83] 薛华. 黑格尔对历史终点的理解 [M]. 北京：中国社会科学出版社，1983.

[84] 王树人. 历史的哲学反思：《关于精神现象学》的研究 [M]. 北京：中国社会科学出版社，1988.

[85] 高兆明. 黑格尔《法哲学原理》导读 [M]. 北京：商务印书馆，2010.

[86] 杨河. 康德黑格尔哲学在中国 [M]. 北京：首都师范大学出版社，2011.

[87] 庄振华. 黑格尔的历史观 [M]. 上海：上海人民出版社，2013.

[88] 张西平. 历史哲学的重建：卢卡奇与当代西方社会思潮 [M]. 北京：生活·读书·新知三联书店，1997.

［89］陈新. 当代西方历史哲学读本（1967—2002）［M］. 上海：复旦大学出版社，2004.

［90］韩震. 西方历史哲学导论［M］. 北京：北京师范大学出版社，2008.

［91］张耕华. 历史哲学引论［M］. 上海：复旦大学出版社，2004.

［92］周建漳. 历史哲学［M］. 北京：北京大学出版社，2015.

［93］王晴佳，古伟瀛. 后现代与历史学——中西比较［M］. 济南：山东大学出版社，2003.

［94］张彭松. 乌托邦语境下的现代性反思［M］. 北京：中国人民大学出版社，2010.

（二）中文学术论文及期刊资料

［95］何庆国. 在历史和历史性之间——马克思"历史"唯物主义的当代反思［D］. 长春：吉林大学，2011.

［96］王南湜. 认真对待马克思的"历史科学"概念——关于历史唯物主义理论特征的再理解［J］. 哲学研究，2010（1）.

［97］衣俊卿. 论东欧新马克思主义的理论定位［J］. 求是学刊，2010（1）.

［98］段忠桥. 历史唯物主义是马克思主义的历史哲学［J］. 史学理论研究，1988（1）.

［99］胡大平. 从意识形态到历史科学——穿越马克思主义哲学史的"叙事"难题［J］. 南京社会科学，2015（12）.

［100］孙正聿. 历史唯物主义与哲学基本问题——论马克思主义的世界观［J］. 哲学研究，2010（5）.

［101］李西祥. 赫勒的历史哲学批判与对社会主义的新理解［J］. 苏州大学学报（哲学社会科学版），2015（2）.

［102］颜岩. 探寻日常生活人道化的路径——阿格妮丝·赫勒日常生活批判理论述评［J］. 中外文化与文论，2009（2）.

［103］赵司空. 从后马克思主义到后现代的政治——阿格妮丝·赫勒哲学述评［J］. "后现代主义与马克思主义"国际学术研讨会会议论文集，2008（10）.

［104］李伟. 赫勒历史哲学思想的发展历程［J］. 北京政法职业学院学报，2009（1）.

［105］李伟. 阿格妮丝·赫勒的理论追求［J］. 国外理论动态，2007（8）.

［106］傅其林. 布达佩斯学派对历史哲学范式的批判［J］. 求是学刊，2010（5）.

［107］杨耕，陈小平. 黑格尔历史哲学研究［J］. 哲学动态，1989（6）.

［108］张慎. 精神在历史中解放自己和满足自己——黑格尔历史哲学再思［J］. 哲学动态，2015（11）.

［109］丁常春. 黑格尔《历史哲学》中的历史辩证法思想［J］. 学术月刊，1984（12）.

［110］［德］赫尔穆特·施密特. 精神现象学在卢卡奇历史哲学中的再现［J］. 郭官义，译. 哲学译丛，1985（2）.

［111］［苏］奥伊泽尔曼. 辩证唯物主义与黑格尔的历史哲学理论［J］. 李树柏，译. 哲学译丛，1981（2）.

［112］张汝伦.黑格尔的《历史哲学》［N］.中华读书报，2001 (11).

［113］傅其林.阿格妮丝·赫勒审美现代性思想研究［D］.成都：四川大学，2004.

［114］王秀敏.现代社会的个性道德探寻——阿格妮丝·赫勒道德理论研究［D］.哈尔滨：黑龙江大学，2010.

［115］帅倩.赫勒日常生活批判［D］.上海：复旦大学，2011.

［116］王静.作为文化批判的审美——赫勒美学思想研究［D］.哈尔滨：黑龙江大学，2011.

［117］范为.一种现代性批判的历史哲学——赫勒的后期思想研究［D］.哈尔滨：黑龙江大学，2012.

［118］傅其林，阿格妮丝·赫勒.布达佩斯学派美学——阿格妮丝·赫勒访谈录［J］.东方丛刊，2007 (4).

［119］包岩.历史：自由的逻辑——论黑格尔的历史哲学［D］.长春：吉林大学，2012.

（三）外文学术资料

［120］［德］MARX K. Communist manifesto［M］. Gateway Editions，1985.

［121］［德］MARX K, ENGELS F. The German ideology［M］. Progress Publishers，1964.

［122］［德］MARX K. Economic and philosophic manuscripts of 1844［M］. Foreign Languages Publishing House，1961.

［123］［德］MARX K. Capital［M］. Penguin, J. M. Dent & Sons, Ltd.;

E. P. Dutton & Co. Inc. , 1934.

［124］［匈］LUKAS G. A defence of history and class consciousness：tailism and the dialectic ［M］. Verso，2002.

［125］［匈］HELLER A. A theory of history ［M］. Routledge & Kegan Paul，1982.

［126］［匈］HELLER A. A philosophy of history in fragments ［M］. Blackwell，1993.

［127］［匈］HELLER A. A theory of modernity ［M］. Blackwell Publishers，1999.

［128］［匈］HELLER A. The theory of need in marx ［M］. Allison & Busby，1974.

［129］［匈］HELLER A. Lukacs reappraised ［M］. Columbia University Press，1983.

［130］［匈］HELLER A. The postmodern political condition ［M］. Polity Press in association with B. Blackwell，1988.

［131］［德］HEGEL. Hegel's Lectures on the history of philosophy ［M］. Humanities Press International，1892.

［132］［德］HEGEL. The philosophy of history ［M］. Kessinger Pub，2007.

［133］［英］MICHAEL S. An introduction to the philosophy of history ［M］. Blackwell，1998.

［134］［法］DERRIDA J. The truth in painting ［J］. University of Chicago Press，1987.

后　记

不知不觉，博士生涯行将结束。想到两个月后与"人大"的"再见"，一种忧伤淡淡徐来。2014 年考取博士生时，展望即将开始的四年学业，不禁感慨时间漫长。如今回望过去的四年，却是感慨时间如梭。谈到时间，长辈会用光阴似箭形容人的一生，于我而言，面对未来的某一时段，如五年、十年、二十年，抑或更长，时光总是遥遥无期，而回首过往的十年或二十年，时光如《庄子·知北游》所言"人生天地之间，若白驹之过郤，忽然而已"。

曾经无数次设想的毕业，到当下快要迎来的解放，内心却荡漾起"时光慢下来"的呼声。惯于学生身份的我，小学至今，一直在校园到校园的辗转流离之中，因而每一次和上一阶段的告别，不会产生莫大的留恋。这次迥然相异，这场即将到来的别离，转换的不只是一个学校或校园，而是一种身份。人民大学是我求学历程中最为重要的驿站，虽然说没有前期学校的铺垫和老师们的教导，我也不会有幸获取历史当下之"人大"博士生身份，但"人大"作为自我历史分期的节点、分水岭或标志，意味着自己与一种学生身份的渐行渐远。以后还需始终以学生的心态孜孜不倦上下求索，但阶段性的落幕与身份的转换是人生不可逆的一环。作为一名学生，"人大博士"角色、身份和标志所享有的自然景观与人文气息，将持续不断点燃未来前方的路程。

直到去年 10 月求职之前，我还不大理解工作了的同学对学生时代的怀念，经过一番求职应聘的周折，才深刻体会校园生活的本真。那种自由自觉，那种简单静谧，那种怡然安详，或许只有校园才能赋予。所以，这也是我为什么在择业过程中，以高校为首选的主要原因。每逢节假日，当好友约我逛公园时，我头脑中的第一反应往往是"公园有什么好逛的呢？"，后来扪心自问，答案大概在于我每天的日常生活，如同公园行走，因而对公园也就失去了兴趣。人大校园的面积相比北大和清华的寸土寸金，没有未名湖，没有荷塘月色，但一勺池的水足以灌溉我们的方田，哺育我们成长。春天的月季、碧桃、海棠、丁香、梨花、紫荆、玉兰，虽然不及玉渊潭的樱花出名，但饱满的色彩足以让人赏心悦目。只要抬头看见音乐厅北侧的白玉兰，定知春的脚步向你款款而来，因为它是每年校园里绽放和凋谢最早的花儿。还有藏书馆门前的海棠和草坪，寝室楼下东、北两侧的花场，总为枯燥的生活增添审美的乐趣。春天是人大一年四季最美时节，次之秋天。秋天随着气温降低日渐清凉，夹裹的衣服逐渐增厚，但耳畔响起的沙沙落叶声，以及眼前偶尔闪现垂落的熟柿，也为游园生活增添了几分热情。在这样的环境下，四年来在寝室和图书馆之间来来往往目睹季节、景色与花木变换，着实惬意。

如果能够远离论文的困扰，一切的一切都将过得非常舒适，一旦涉及论文种种，心中不自觉地产生泰山压顶之感。前两年在适应和享受校园美好景观之余，完成了必要的学业课程和培养计划，直到博士第三年才对毕业论文产生极大的紧迫感。选题是撰写博士论文第一要素，选题恰当便能起到事半功倍的效果。起初打算沿着导师历史哲学的研究方向，从黑格尔和马克思历史哲学入手深化对思辨的历史哲学的理解，经过一小段时间探寻发现，由于黑格尔体系的庞大性以及马克思理论的深奥性，以自己现有的知识储备，以此作为选题实在如海登·怀特所言"the burden of history"。即便硬着头皮写完，也可能内容空洞、流于表面。不知所措之际，导师建议我聚焦赫勒的"历史哲学三部曲"，尝试举一反三。我最终选择了赫勒，拟定研究大纲，顺利通过博士论文开题。如今看来，研究赫勒历史哲学思想，不仅使我熟悉了赫勒的相关思想，也促使我深化了对黑格尔和马克思的认识，并且一般性地深化了我对历史哲学本身的理解。通过论文写作，我深刻地体会到，在无法驾驭一种宏大思想时，聚焦某个人物及其文本，足以熟悉这个思想家的理论，也能够在研究方式上得到启迪，培育独立研究的能力和方法。

在博士伦文的写作过程中，张立波老师给予了全面、系统、细致入微的指导。导师把我领进马克思主义哲学研究大门，不仅使我对马克思主义哲学有了全新的认识，并且拓展了我对人文社会科学的深度、广度和厚度的把握。除了学业上的必要指导，导师在生活上对我照顾有加，在为人处事方面对我诸多提示，如果用一句话总结导师对我的影响，那就是"耳濡目染，潜移默化"。在其主编的《六十年代生人：选择抑或为哲学选择》中，导师根据思想进路而非年龄，把中国马克思主义哲学研究划分为四个阶段五个代际，强调代际之间始终保持亦师亦友的关系。在此基础上，我想说，导师于我亦师、亦友、亦父，正如《师道》所言："人有三命，一为父母所生之命，二为师造之命，三为自立之命。父母生其身而师造其魂，而后自立其命。所以师者，再生父母也，一日为师终生为父，是为师父。"在以后的工作和生活中，我将始终秉持导师的六字方针——"态度、方法、毅力"，砥砺前行。

博士四年的积淀，充实而有意义地丰富了我"独上西楼"的生活。此时此刻，最想表达的意思就是"感谢"。感谢一路走来，身边遇到的每一位。感谢导师；感谢综合考试、开题报告和预答辩过程中，对我提出宝贵意见和建议的教研室老师；感谢读书、听讲座、参与学术会议、撰写学术论文过程中，邂逅的老师们；感谢求职过程中，同门的师姐师兄师妹师弟提供的大量经验之谈；感谢历史学院、文学院和中国哲学专业室友的陪伴。感谢千里之外的家父家母，是他们一直以来为我默默付出、亲情守护和大力支持，才让我有信念为了理想勇往向前。感谢北京林业大学马克思主义学院对我的接纳，使我 23 年的校园生活有了一个圆满的"学习"的终结和"工作"的开端。最后，感谢在我跌跌撞撞的过程中，所有给过我关心、帮助和希望的师长、亲人和朋友。铭记与回报牢记心中。

身为"人大"的一分子，希望带着存念继续前行，执着带着感恩再次出发，踏实带着历史想象走向新的前程。

2018 年 4 月 27 日

星期五天气晴

图书馆